客户是裂变出来的

如何通过裂变引流更多精准客户

吴 茜◎著

中国商业出版社

图书在版编目（CIP）数据

客户是裂变出来的 ： 如何通过裂变引流更多精准客户 / 吴茜著. -- 北京 ： 中国商业出版社，2025. 7.
ISBN 978-7-5208-3401-8

Ⅰ. F713.50

中国国家版本馆 CIP 数据核字第 20256L9R14 号

责任编辑：杨善红

策划编辑：刘万庆

中国商业出版社出版发行

（www.zgsycb.com 100053 北京广安门内报国寺 1 号）

总编室：010-63180647 编辑室：010-83118925

发行部：010-83120835/8286

新华书店经销

香河县宏润印刷有限公司印刷

*

710 毫米 ×1000 毫米 16 开 13.5 印张 150 千字

2025 年 7 月第 1 版 2025 年 7 月第 1 次印刷

定价：68.00 元

****

（如有印装质量问题可更换）

在当今这个瞬息万变的商业时代，客户已然成为推动市场变革、引领品牌前行的核心动力。一个企业要想在竞争激烈的市场环境中站稳脚跟并持续生存下去，那就需要通过裂变营销，快速抢占客户资源。企业只有获得充沛的客源，才会有生存和发展的动力。

只不过，裂变虽然有核弹一般的威力，但大部分的人对于裂变营销的知识一知半解。大家不能全面系统地使用这个裂变武器，为自己带来指数级的用户增长。本书全面地为大家普及了裂变营销的各个知识点。

首先，本书深入剖析了裂变营销的核心原理：利用现有客户的社交网络，通过设计巧妙的激励机制，促使用户主动分享企业的产品或服务。读完本书相关的理论内容，大家就能对它有一个基本的认知。另外，我们为了帮助大家快速学会裂变增长方法，还系统地构建了一整套高效且可持续的客户裂变体系。

在本书里，你不仅可以找到甄选和筛选"种子用户"的诸多实用方法，也可以学会如何通过有价值的内容或产品吸引用户，如何设定"诱

饵"和奖励机制以激励用户分享，以及如何设计简单易操作的分享机制以降低分享门槛，还可以看到设计裂变海报时常用的 7 个文案模板。同时我们还为大家盘点了诸多辅助裂变的工具和平台，详细介绍了裂变流程的策划思路，以及 10 个常用的裂变玩法……

这是一本内容齐全的客户增长实战指南，书中除了理论介绍外，还提供了丰富的实战案例，帮助读者更好地理解和应用裂变营销的策略。企业无论是想借助微信小程序、微信群、公众号等社交媒体平台策划有趣的互动活动，还是想通过精准定位与定向推送吸引目标人群，本书都提供了详细的操作步骤和实用的技巧。本书强调了 KOL（关键意见领袖）的重要性，一步一步地教大家如何找寻和筛选行业内的关键意见领袖，从而利用他们的粉丝基础和号召力，加速裂变扩散。书中还介绍了留存用户的诸多实用方法，这些方法可以帮助大家稳固裂变营销的成果，也为启动二次裂变创造了可能。

总而言之，本书不仅理论性强，实践可操作性也强，它旨在帮助读者全面、深入地理解裂变营销的原理和方法，并提供具体的、能够落地实践的内容。下面让我们一同翻开本书，探索客户裂变的奥秘，开启品牌增长的新篇章吧。相信读完之后你能拥有用户增长的全局观，成长为一名不折不扣的裂变营销高手。

目录

Part 1 认知篇
学会裂变营销，让你有成交不完的客源

◆ Part 2　准备篇 ◆
吹响裂变营销前奏曲，设计让人欲罢不能的分享诱因

◆ Part 3　实操篇 ◆
实战技巧与策略分析，手把手教你打造爆款传播案例

◆ Part 4　留存篇 ◆
解锁用户留存密码，助力裂变成果稳固扎根

Part 1 认知篇

学会裂变营销，
让你有成交不完的客源

　　裂变营销是一种采用病毒传播原理的市场营销方式，在传播层面上比传统的广告等推广方式更具优势，但是很多运营者对它一知半解，并不能很好地运用并发挥它的威力。这一部分，我们从基础层面入手，从大局着眼，帮助大家全方位科普裂变营销的基础知识，重塑大家对裂变营销的认知。

什么是裂变营销

　　裂变营销是一种基于用户行为的营销方式，用户通过社交媒体、社交网络、即时通信工具等途径，通过分享、传播、转发等行为使得更多的人了解产品或者服务，从而产生购买或使用行为。在裂变营销的过程中，企业或者商家以一个或者几个点为基础，成功突破一个或者几个点后，再严格复制此前操作，最后由一个成功的点复制出另外一个点，两个点再裂变成四个……以此类推，由少到多，速度由慢到快，步步为营，从而达到推广的目的。

　　裂变营销的过程犹如细胞分裂一般，从一个或者几个迅速分裂成无数个，商家的营销信息在裂变的过程中迅速扩散，从而实现用户规模的快速增长和品牌影响力的扩大。例如，北京有一个名为跳海的酒吧，其创始人梁二狗是一个"90后"的年轻人，他开店不到 4 年的时间，就在广州、深圳、成都、重庆、杭州等多座城市开出 20 多家门店。那么他是如何在短时间内创造这样好的业绩呢？其中社群裂变发挥了很大的作用。

2018 年，梁二狗在事业迷茫的时候，召集朋友建立了一个喝酒的群，群里的成员大概有 30 个人，每个人交 100 多元。平时大家一边喝酒，一边看自己喜欢的文艺电影，如《海盗电台》《波希米亚狂想曲》等，很多年轻人因为活动慕名而来，并形成了在这里喝酒与交谈的习惯。因为这个社群具有很强的社交属性，可以给漂泊的年轻人一个灵魂休憩的港湾，所以这个社群很快裂变出一群忠诚的用户。到 2019 年，该社群已经由 30 人发展为 500 人。

由于客源充沛，生意火爆，老板不得不扩大了自己的店面规模。经营规模扩大之后，跳海酒吧正好赶上新冠疫情，不过由于社群为大家提供的情绪价值很高，所以群成员的忠诚度和复购率也非常高，该酒吧的线上生意依旧非常火爆。在疫情封控期间，该社群由于老板出色的经营，又一次发生了裂变，客户由原来的 500 人发展为了 2 000 人。等到新冠疫情解封之后，这家门店爆火，一举成为西城区的头部门店。

在这种情况下，梁二狗产生了开分店的念头。本着先有人后有店的经营模式，广州分店在装修之初就提前在线上招募起了社群成员。在此期间，店铺的装修细节都一一向群内的成员征求意见，比如地砖的颜色、马桶的样式等，让成员参与到社群运营当中，在社群里发起各种活动，或者

在社群里分享成员的故事等，通过各种营销手段，在 3 个月之后店面就出现人员爆满的理想状态。

之后，为了给各个城市的分店招揽更多可靠的人才，他还设置了一系列的打酒师机制，从而形成三赢的局面。对于打酒师而言，在这里可以获得一份工作机会，不仅可以赚取工资，还可以获得免费喝酒的机会，另外自己的朋友来消费，还可以为其打折；对于店铺而言，经营成本减少，市场费用降低。就像梁二狗所说，打酒本身是一个很有趣的事情，多一个打酒师站在吧台里面，就会多 20 个人站在吧台外面，因为一个人正常的社交范围至少能覆盖 20 个人；对于品牌而言，不同的打酒师会带来不同风格的音乐，比如韩国流行音乐、日本音乐、电子乐等，不同音乐又能吸引不同的受众，这样一来品牌的包容性变得更强，品牌的客群范围也日益扩大。因为该品牌商业模式比较成功，所以越来越多的人加入了酒吧的运营管理和消费当中。刚开始是梁二狗身边的朋友，后来是朋友的朋友也被引荐到这里，再后来就是普通大众。经过这样的裂变，酒吧的生意十分爆火，跳海渐渐在国内市场上打响了知名度，同时也取得了耀眼的成绩。

由此可见，裂变营销对于一家企业具有很大的意义。裂变营销，可以充分发挥网络效应，让用户和客户通过社交分享、口碑效应，扩大企业的业务规模和品牌影响力，最终实现企业利润的增长。

👥 裂变营销的优势

曾经的微信 App 在推广营销阶段，利用信息推送、查看新闻、预订机票、订购外卖等功能裂变出更多新的用户，它推出后的一年，用户数量就从原来的 1 000 万增加到 1 亿。拼多多在成立之初，市场份额已经被淘宝、京东等大的电商平台占据，但拼多多凭借拼团裂变的营销策略，一举获得数亿的活跃用户。在短短三年的时间里，它吸引了 100 万个活跃商家进入自己的平台，月成交金额突破百亿元，一举成为新的电商巨头。

当然，在商业世界里，像微信、拼多多这样基于社交网络制定裂变营销策略的商家和企业数不胜数，实现用户数量快速增长和销售额提升的成功案例也不胜枚举。本节我们一起盘点一下裂变营销的优势，以便大家对其有进一步的了解。

第一，用小投入获得大市场

众所周知，裂变式传播的路径可以理解为 A 到 B，B 到 C，C 到 D……相较于传统的营销策略，裂变更注重社交圈分享，在此过程中企业可以充分利用社交媒体和网络平台的优势，让信息在短时间内迅速扩散，从而形成强大的传播力。在获客的过程中，其投入的成本极低，只需要为老客户推荐和新客户注册设置一些奖励的费用，就有可能获得非常理想的

裂变效果，对于商家而言，这项优惠活动所带来的风险远比广告投入的风险要小得多。可以说，这是一种小投入大市场的商业模态。

某商家在情人节策划了一次营销活动，活动的主题为"她的情人节礼物，我们替你送"，活动人员在线下设置了扎气球的游戏，用户只需要扫码进入会员福利群，就可免费获得一次游戏机会，参与游戏者必会得奖，奖品为帆布包、裙子、牛轧糖等。而且活动规定在场内单笔消费满520元，即可获得3次游戏机会，最终还可选择领取1份心仪礼品。很多人都被这新颖的游戏化场景所吸引，纷纷加入其中，大家在欢快活跃的氛围中玩得不亦乐乎，最终商家凭借该活动7天拉进近2000人。对于该商家而言，前期投入可能只有几百元、几千元，但是将来的收益或许可以达到几十万元，是一次性价比非常高的营销活动。

第二，传播速度快

营销裂变利用用户的社交关系链进行传播，信息可以在短时间内抵达大量的用户，最终获得更多客源，从而帮助品牌达到产品推广和销售的目的。

有一个人开了一家汉堡店，只用了两个月的时间就收回了成本。这家店铺之所以能快速盈利，与它高速传播的裂变体系有很大的关系。

首先，消费者到店里消费，只需要扫一扫桌上的二维码，即可直接点餐，另外点餐页面还有一个社群码，消费者只要进群就可享受该店的优惠券。这种方式，消费者在获得优惠的同时，无须有任何思想负担。而店铺也很轻松地将消费者纳入自己的私域流量池。其次，消费者扫码支付之后系统还会自动返还消费金额的 8% 到其个人账号里，这种方式无疑增强了消费者对店铺的黏性，从而为其复购打好基础。最后，等到消费者积累到一定程度，这家店铺又推出了邀请活动，老客户只需要将小程序分享给自己的亲朋好友，邀请者和被邀请者都可获得店铺的优惠券，而且这个优惠的力度会随着邀请人数逐渐增大。这三套组合拳打下来之后，这家店铺就实现了一传十、十传百的传播效果，而这家汉堡店也因为高效的裂变取得了很理想的销售战绩。

第三，快速提升品牌效应

裂变除了可以帮助公司快速获客之外，还可以有效打开品牌的知名度，提升品牌在用户心目中的形象，扩大品牌的影响力。曾经的瑞幸咖啡就推出过推荐有礼的活动，具体来说就是鼓励消费者把分享页面推荐给自己的好友，任务完成之后，好友可以获得一杯免费的咖啡。此举对于推荐者和被推荐者来说都是一项福利，前者作为赠予者获得了好人缘和成就感，后者不花一分钱就可以获得实实在在的好处，而瑞幸咖啡虽然需要付出一定的物质成本，但是它的品牌因此获得了很大的曝光度，薅过这个羊毛的众多消费者从此对这个品牌印象深刻，以后很大概率会复购。

第四，销售转化率高

裂变营销主要依靠用户在熟人之间互相推荐，所以彼此信任度非常高，在产品或者服务质量不差的前提下，裂变的用户很容易做出购买的选择，销售的转化率极高，企业变现相对来说很简单。

以上就是裂变营销的四个主要优势。但这种营销策略也有一定的弊

端，因为裂变的竞争非常激烈，且很容易受内容质量、目标用户群体等因素的影响，所以裂变的效果也难以预测。在传播的过程中，如果内容质量不高或传播的信息不准确，可能会对品牌形象造成损害。

解析裂变营销的核心原理

裂变营销的核心原理是利用用户的社交网络传播力量，通过设置合适的激励机制和分享诱因，激发用户主动分享、传播品牌信息，从而将品牌信息快速扩散，实现品牌影响力和产品销量的指数级增长。

在整个裂变营销的过程中，有以下几点值得大家关注。

第一，社交网络传播

裂变营销充分利用了用户的社交网络，在这个社交网络里，用户的亲朋好友、同事、同学等均为裂变传播的关键人物。有了他们的助力，营销信息能够迅速在社会上传播开来，形成一传二、二传四的指数级增长效应。这种传播方式不仅降低了营销成本，还提高了营销效果，让品牌在短时间内获得更多曝光和关注。

微信红包刚诞生的时候，知名度很低，后来其营销团队将这个功能投放在社交网络进行传播，彼时正值春节，人们有足够多的时间用微信、发红包。因为红包本身是一种利益的体现，所以对用户很有吸引力，大家你邀请我，我邀请你，礼尚往来，借助红包这个功能传递美好的新年祝福，很快微信红包就在社交网络上大范围流行开来，并实现了裂变式的传播，而微信也借助红包这一功能一举改变了移动支付格局。

第二，口碑传播效果

裂变营销本质上是一种口碑传播。用户在分享和转发营销信息时，实际上是通过分享自己的使用体验、推荐产品或服务，来影响身边的人。这种口碑传播具有高度的可信度和说服力，因为裂变信息也能口口相传，获得大范围的扩散。同时，用户在参与裂变活动的过程中还能获得一定的回报，如优惠券、折扣等，这进一步增强了用户对产品和品牌的认同感和忠诚度。

第三，单点突破与复制扩张

裂变营销还注重单点突破和复制扩张的策略。单点突破是裂变营销的首要阶段，其核心在于选择一个或几个具有战略意义的市场点进行深入开发。在此过程中，企业的全部资源都集中在这个点上。为了迅速突破这个点，企业还会深入市场调研、了解客户需求、分析竞争对手情况、优化产品和服务等，通过这些方式方法一举占领该市场点。

而企业一旦在这个点上取得成功，便会进入复制阶段，将成功经验快速复制到其他市场点，实现市场的快速扩张。在复制扩张的阶段，企业会将单点突破中成功的营销模式、产品特点、服务方式等全部照搬到新的市场点中，另外还会借鉴单点突破中的成功经验，以确保自己在新市场点上更快地适应环境。

这种复制扩张的策略有助于提升企业在选定点的市场竞争力，并为后续的市场裂变奠定坚实的基础。企业需要高度重视这两个阶段的工作，确保裂变营销策略的成功实施。

第四，用户参与感与激励措施

裂变营销还会制定一些激励措施，来鼓励用户进行更多的分享和邀请。这些激励措施可以是物质奖励，如优惠券、折扣、礼品等；也可以是精神奖励，如荣誉、地位等。通过这些激励措施，用户更愿意参与裂变活动，分享和转发营销信息，从而推动裂变营销的持续发展。

例如，自媒体平台趣头条当初在裂变的时候就推出了一系列福利政策。首先，它规定用户可以通过阅读新闻、观看视频、每日签到、做任务、开宝箱等方式获得金币，金币可以按照一定的比率兑换成人民币，提现到支付宝账户。这对于用户而言是一个白捡的便宜，所以大家纷纷入驻该平台，享受这项福利。

其次，趣头条还制定了收徒机制，用户可以通过邀请好友来注册趣头条并完成任务，邀请人可以获得一定的金币奖励。同时，被邀请人也可以获得额外的金币奖励。这种激励措施极大地调动了人们的积极性，大家为了享受这些优惠，纷纷化身为品牌传播者，帮助趣头条实现了低成本、高效率的市场推广效果。

综上所述，裂变营销是一种高效、低成本的营销方式，它充分利用了社交网络的力量和用户的口碑效应，实现了产品或服务的快速推广和普及。

深度探讨裂变四大驱动力

驱动力是裂变活动能否广泛传播的关键因素。用户的驱动力越强，裂变信息传播得越广；用户驱动力越小，裂变的效果越差。为了激发用户的分享欲，扩大品牌影响力，本节将从四个方面探讨裂变传播中的驱动力问题。

第一，社交驱动

我们每个人都不是一座孤岛，生活在现代社会，大家都有社交需求，每个人本能地都需要去跟他人产生交集。尤其是出现一个优惠力度很大的裂变活动时，大家都想与他人分享自己的经验和感受。在社交因素的驱动下，用户直接影响其他人的行为和决策，从而推动产品或服务的裂变增长。

借助社交因素，企业可以打造一个有影响力的品牌、建立良好的口碑和信誉度，并吸引更多的用户参与到产品或服务的使用中。另外，在社交因素的作用下，企业还可以了解用户需求和反馈，从而不断优化产品或服务，提高用户体验和满意度。

第二，产品驱动

一个优质的产品是裂变增长的必要条件。优质的产品可以吸引更多的

用户，并使他们对产品的使用感到满意，从而促使用户推荐给他们的朋友和家人。

所以，在裂变活动中，一定要把握好这个驱动利器，选择优质的产品，以吸引和裂变出更多新的用户。通常来讲，优质产品具有以下特点：产品解决了用户的痛点，满足用户需求，让用户感到满意；产品的设计符合用户的使用习惯，易于上手且操作流畅；产品具有独特的功能和特点，能够吸引用户的注意力和兴趣；产品的售前、售中、售后服务都很到位，能够让用户感到贴心；产品通过不断迭代和优化，确保自身始终保持竞争力。

具备这些特点的产品便是优质的产品，具备这些特点的产品便是驱动裂变的关键。所以我们在策划裂变活动时要按照上面的标准选品，这样才能提高用户对产品的信心和满意度，最终实现裂变式增长。

第三，资源驱动

资源是整个裂变增长的加速器。有了资源的助力，裂变增长的传播速度会加快很多。通常来讲，裂变资源分为以下几种。

（1）福利资源。如折扣、赠品、积分等，企业提供各种福利和优惠活动，吸引用户参与和分享。用户在福利资源的刺激下，产生了购买欲望和分享行为。

（2）KOL 资源。关键意见领袖也是一种非常重要的资源，利用关键意见领袖的影响力和粉丝基础，进行裂变营销，可以实现用户的快速增长和口碑传播。

（3）品牌影响力。品牌是企业的重要资产，具有强大的影响力和号召力。企业可以通过品牌故事、品牌形象塑造等方式，提升品牌的认知度和美誉度，从而吸引更多用户。

（4）合作伙伴。企业还可以通过合作伙伴的资源和渠道，实现用户的交叉推荐和共享。

资源驱动裂变是一种商业增长策略，企业通过整合和利用企业的内外部资源，可扩大品牌的覆盖范围、提高品牌的知名度，并激发用户的分享行为，从而实现用户数量的快速增长。

第四，数据驱动

数据驱动是指利用数据来指导业务决策和行动。数据驱动是裂变增长的另一个重要因素。具体来说，数据驱动可以帮助企业完成以下内容。

（1）通过跟踪用户的行为和反馈，企业可以了解用户的需求和偏好，从而优化产品和服务，提高用户体验，增强用户满意度和忠诚度。

（2）通过分析用户行为数据，企业可以找到裂变的关键点，然后根据这些裂变点，制定裂变策略，从而提升裂变效果。

（3）通过分析用户行为数据，企业可以了解用户参与度低的原因，并制定相应的策略来刺激用户积极参与。

（4）通过分析营销数据，企业可以了解不同渠道的转化率和ROI，从而优化营销渠道，提高传播的效果。

总而言之，社交、产品、资源、数据这四大驱动力对裂变具有强大的推动作用，运营者在了解了这些情况之后，就要充分发挥它们的作用，从而让整个裂变增长实现最理想的效果。

不可不知的四个基础裂变模型

众所周知，裂变引流是一种成本低、转化高的营销模式。利用这种模式，可以让"种子用户"裂变出新用户，新用户又成为"种子用户"，再裂变出新用户，形成客户增长的自动循环，从而为企业获得充足的客源。不过，在实操过程中，有些营销者做不好裂变规划和流程，搭建不出自己的裂变体系。本节内容我们给大家介绍四个最基础的裂变模型，大家可以在此基础上进行自由组合，搭建起高效的裂变循环体系，这样你就可以持续获得新的客源，而经济收益也会随着客源水涨船高。

第一，邀请模型

这是一种通过邀请机制来推广、吸引用户的模型。在这个模式里，有邀请者和受邀者两个角色，邀请者通过分享邀请链接、邀请码或二维码等方式，邀请受邀者加入某个平台、社区或活动。

通常来讲，当利用邀请模型策划裂变活动时，我们会加入一些奖励机制。例如，邀请5人以内每人可奖励××元，邀请5~10人每人可奖励××元等，以此激发用户积极参与活动。

通常这种模式用在一些流行的在线平台和应用上，它们会为新用户提供优惠，也为邀请新用户的邀请者提供奖励。邀请者通过分享链接或邀请码邀请新用户，一旦新用户通过这些链接进行购买或注册，那么邀请者就会获得奖励。

第二，互利模型

互利模型的逻辑在于分享者和助力者都可获得奖励。这种模型鼓励用户主动分享活动信息给好友，并邀请他们参与助力，从而共同获得利益。例如，美团外卖经常会给用户发优惠券，用户要想获得这个优惠券，就需要分享给别人助力，助力成功之后，助力的人也可获得一份好礼。

第三，助力模型

助力模型是目前裂变模型中最常用的一种，具有成本低、用户参与度高、流程操作简单、活动效果明显等特点。该模型常见的玩法包括砍价、领红包和集卡等。

（1）砍价。当用户想要以超低价格获得商品时，就需要邀请周围的好友来帮助自己砍价。

（2）领红包。企业发布助力领红包的活动信息，用户看到活动信息后，点击参与并生成自己的助力链接；用户将助力链接分享给好友，邀请他们助力；好友点击链接进入活动页面，完成助力任务；用户完成指定的助力人数，就可获得红包奖励。

（3）集卡。该模型通过集福、集卡等方式进行。如支付宝每年都会策划"集五福"活动，通过集福、集卡的方式，让用户相互助力，从而促使裂变活动广泛传播。

第四，特惠模型

特惠模型是以现金等价物的方式进行裂变激励的。这种模型具有针对性强、形式多样、裂变效果显著等特点。特惠模型并不完全等同于裂变激励模型。它更注重对特定用户或条件的优惠、奖励，而裂变激励模型则更注重通过用户之间的互助和分享来实现用户增长。特惠模型常见的玩法有一元秒杀活动、邀请好友免费领取、拼团优惠等。

综上所述，这四个基础裂变模型各有特点。我们在搭建裂变体系时，可以根据实际情况选择合适的模型进行组合和优化，以实现最佳效果。

 如何完整策划一场裂变活动

裂变活动是一项相对复杂的营销活动，它涉及多个环节和因素，需要我们精心策划和执行。本节我们给大家详细讲述一场裂变活动的完整策划过程，以此提升大家的裂变认知，提高裂变成功的概率。

第一，设定裂变目标

在策划一场裂变活动之前，首先需要明确活动的目标。目标可以是增加销售额，提高用户增量、扩大品牌影响力等。有了目标做引领，我们才能根据目标进一步测算需要的人力成本、物资成本、运营成本等，并规划出大概的活动主体框架。

第二，确定裂变玩法

在确定了目标之后，就需要根据目标设计具体的裂变玩法。通常来讲，裂变玩法多种多样，比如拼团、砍价、助力等。这些玩法都能激发用户的分享欲望，从而带动更多的新用户参与。具体使用哪一种需要你根据实际情况确定。

与裂变玩法紧密相关的是裂变的奖励机制。奖品的选择直接影响着裂变的效果，所以，我们在设置奖励机制时要慎重考虑。通常来说，奖品可分为实体奖品和虚拟奖品，实体奖品对于用户来说更注重的是奖品在现实生活中的可用性，而虚拟奖品则更加注重奖品的内容质量。我们在设置奖品时要注重奖品的质量，并且确保它要与活动目标相匹配，这样才能够激发用户的参与热情。

第三，设计活动规则

活动规则包括用户邀请的人数、活动奖品数量、活动进行的时间、活动排名设置、用户地域划分等。

活动规则要尽可能简化，以此降低用户参与门槛。如果你把握不好规则的设定，那么不妨换位思考一下，站在用户的角度加以权衡，这样就能制定出适合用户的裂变规则。

第四，设计裂变海报

在明确了裂变的模式和规则玩法之后，我们接下来就要设计自己的裂变海报。为了让海报设计得新颖独特，我们可以将同类型的海报搜集起来作为参考，参考海报中的重点元素，以及文字和图片的合理配比等。

一般来说，无论怎么设计海报，都要遵守一个原则：简洁、明了，让人一眼就能获取里面的关键信息。另外，为了给用户一个好的视觉体验，海报的颜色不能过多，否则会给人一种杂乱的感觉。

例如，某早教机构的裂变海报，是以"暗红＋浅金"配色的，整体给人一种端庄大气的感觉，很符合品牌的气质，所以令人眼前一亮，在用户心里也能留下深刻的印象。

第五，确定推广渠道与方式

裂变的渠道包括社交媒体、朋友圈、公众号、微信群等。在推广过程中，营销者要根据活动目标和用户画像，选择合适的推广渠道和方式，这样才能精准触达目标用户，从而确保裂变活动取得理想的效果。

第六，进行活动测试与优化

在裂变活动正式推广之前，要先进行小范围的测试。通过测试，可以对比出不同海报、文案和推广渠道的裂变威力究竟有多大，最后根据测试结果，不断优化调整，选出最佳组合。

以上六个步骤可以帮助你完整策划一场裂变活动。待到裂变活动策划完成，活动进入落地执行的阶段，运营者依旧不可放松警惕，后续我们仍然要持续监测数据变化，对整个活动进行总结与复盘，这样才能更好地提升裂变活动的效果。

第二章

洞悉未来，重塑企业裂变营销的认知版图

2

数字化时代，企业裂变增长才是硬道理

如今是数字化的时代，互联网普及率极高，信息传播的速度飞快，信息技术被广泛运用，虚拟和现实的界限越来越模糊，大数据已经成为我们生活中的常客。

新时代既有新的特点，也有新的要求和挑战。企业应该紧跟时代潮流，利用先进的技术展开裂变营销，这样才能使品牌信息在短时间内覆盖更广泛的受众。另外，这个时代节奏飞快，市场环境变幻莫测，消费者需求也呈现出多样化和个性化的趋势。企业只有通过裂变增长，灵活调整营销策略，才能更好地适应市场变化，满足消费者需求。

当然，随着裂变营销的展开，品牌的影响力也会进一步扩大，企业自身的核心竞争力也会得到提升，这样才能使得企业在竞争激烈的行业中继续生存下去。最后通过裂变营销，还可以为企业构建起稳健的增长机制，为其未来的长期发展奠定坚实的基础。

总而言之，裂变营销优势多多，在这个快速发展的数字化时代，企业需要通过这种营销方式为自己未来的发展开路。下面我们为大家介绍企业在数字时代有哪些新的裂变营销趋势。

第一，创新驱动

创新是企业裂变增长的核心动力。企业在裂变的过程中需要通过人工智能技术，创造新颖的互动形式，吸引用户参与，提升客户的品牌忠诚度。

第二，线上线下融合

企业要实现线下体验与线上购买的无缝对接，为裂变营销提供新场景。

第三，跨界合作

跨界合作是企业裂变增长的新趋势。企业要想打破行业壁垒，就得通过跨界合作，实现资源共享。这样才能提高企业市场占比、提升品牌影响力，实现互利共赢的局面。

第四，社交化趋势加强

社交媒体已经成为裂变营销的主要阵地。在裂变营销的过程中，我们要重视内容营销和社群营销，这样才能有效促进用户自发分享和推荐。

第五，人才战略

人才是企业裂变增长的关键要素。企业需要制定科学的人才战略，吸引和培养具有创新精神和实践能力的高素质人才，这样才能为裂变增长提供有力的人才保障。

在数字化时代，裂变增长成了企业发展的硬道理。企业需要积极应对市场变化，加强创新驱动、积极开展跨界合作、无缝对接线上线下、实施科学的人才战略，以实现裂变增长并提升市场竞争力。

跨界合作，共创双赢的裂变新生态

这几年跨界联名非常盛行，各大品牌都尝试跨界，比如，瑞幸咖啡和椰树品牌跨界，推出"椰云拿铁"，上市第一天就卖出 66 万杯，联名天，两大品牌的微信指数暴涨 1 200% 和 4 000%，关注度得到了迅猛的增长。由此可见，跨界合作可以为品牌带来"1+1>2"的营销效果。

作为一个企业营销者，我们在策划裂变活动的时候也可以尝试这种让消费者耳目一新的组合，这样可以颠覆用户对品牌的固有印象，吸引更多的年轻消费者，从而为品牌打开更高的知名度。

企业在跨界营销的过程中可以尝试以下两种形式。

第一，同等级品牌跨界

同等级品牌跨界是指两个在不同领域同样有名的品牌跨界合作，它们共同进行品牌推广和宣传，这样做可以丰富用户的购物体验，从而增强品牌对消费者的吸引力。同时还可以吸引不同领域的受众，帮助品牌触达更

广泛的用户群体，提升品牌曝光度和影响力。

第二，捆绑式促销跨界

捆绑式促销跨界是指合作的企业将各自产品融合形成一个整体面向客户销售，以此提升其整体价值、降低销售价格，最终达到提高销量的目的。

我们以茅台冰淇淋为例，它是茅台与蒙牛在 2022 年 5 月联名推出的一款新产品。这款产品最大的卖点是冰淇淋中含有少量的茅台酒，在经典口味中，茅台酒含量达到 2%；在青梅煮酒口味中，茅台酒含量达到 1.6%；在香草口味中，茅台酒含量达到 2%。这种新奇的搭配很快吸引了年轻用户的注意力，抱着尝鲜的心态，大家争先恐后地购买。后来，这款茅台冰淇淋取得很不错的销售战绩。其上市的首日，线下旗舰店 7 小时销售额突破 20 万元，卖出了 5 000 多个冰淇淋，平均每分钟接待 2 人；线上渠道更是不到一小时就卖光了 4 万个冰淇淋，销售金额超过 250 万元。

捆绑式促销跨界使得合作的双方在市场上的影响力相互叠加，互相借力，提升了双方的品牌形象，实现品牌价值的最大化。同时这种方式还可以帮助企业拓展新的市场领域，吸引更多消费者，从而提高市场份额。

总而言之，裂变跨界合作是一种创新的商业模式，它结合了裂变营销和跨界合作的优点，通过不同领域企业间的合作实现资源共享、优势互补和市场拓展。一个企业若是想要通过跨界合作实现裂变，需要注意以下几个事项。

第一，明确合作的条件和目标

跨界需要具备两个条件：一个是具有共性的目标消费者，另一个是品牌特质必须具有一致性。双方只有具备这两个条件，才能展开跨界合作。在合作的过程中，双方要明确跨界合作的目标和方向，这样才能保障自己在后续的裂变过程中有据可依。

第二，制定好合作方案与策略

根据合作目标和方向，双方需要制定具体的合作方案和策略。具体来说，包括合作方式、合作模式、资源分配、风险防控等方面的内容。合作方案和策略的制定可以帮助双方实现资源共享、技术创新和市场拓展，最终达成共赢的目标。

第三，实时关注合作的进展

在双方合作的过程中，双方要密切关注合作进展和市场反馈，以便遇到突发状况能及时调整合作策略和方案。另外，为了确保双方能够顺畅地交流和协作，合作的企业需要在合作之初建立良好的沟通机制。

最后提醒大家，尽管跨界营销具有诸多优势，但是也存在一定的风险。为了防患于未然，企业应该尽早建立完善的风险评估与管控机制，制定科学的风险评估指标和应对措施，这样才能保证双方的合作顺利进行。

全局视角引领企业裂变式增长

众所周知，随着互联网的发达，越来越多的购物平台涌入人们的视线，这样一来用户可选择的地方实在是太多了。如用户今天在快手上被某

个品牌的短视频种草了，明天他就有可能在抖音、拼多多、天猫等平台下单。这种前后链路的断裂，会导致种草成效难以收集和追踪，也很难对消费者的决策链路有一个完整的理解。

为了避免这种情况发生，营销者需要打开全局视角，建立全局增长观，学会多渠道布局、跨平台经营，以全局化的视角在各个流量生态间合理分配预算，打通营销前后链路，实现跨平台资产的有效应用与科学度量，这样才能推动收益的长效增长。

具体落实的时候，营销者怎么样才能做好全局性的合理布局呢？

首先，企业需要和平台共同合作，借助平台的内容生态与技术支持，打破信息壁垒，有机整合应用全链路数据。其次，要分析整合自己现有的资源，如用户资源、内容资源、技术资源、渠道资源等，了解各个资源的优势和劣势，机会和威胁，为资源的组合配置提供依据。

在实施资源组合配置的过程中，营销者需要密切监控裂变的效果和数据指标，如用户增长率、分享次数、转化率等。然后根据数据反馈及时调整策略，进一步优化资源组合配置，最终实现资源的最大化利用和裂变效果的最佳化。

当然，在策划裂变活动时，除了要追求资源利用的最大化外，还要考虑营销效率的最大化。以下是打通全局营销效率的几个关键点，大家一定要加以重视。

第一，选择好裂变的产品

好的产品才能引起广泛的传播。那么什么产品具有爆品潜质呢？我们可以从以下几个方面考虑：首先，产品要有差异性、实用性，否则无法与竞争对手区分开来，也无法吸引到目标用户的注意；其次，要选择品质可靠、口碑良好的产品，这样才能增强用户对活动的信任度和参与度；再次，产品要选择与品牌和业务相关的，这样在推广的过程中方便大家加深对品牌的认知和记忆；最后，在选品的时候还要考虑成本效益，确保产品的采购成本和推广成本不要超出预算，否则后期会面临诸多麻烦。不过大家也不能为了节省成本故意选择廉价的产品，这样会伤害品牌形象。

第二，把握好裂变的时机

俗话说，成功也要讲究天时、地利、人和。这里的天时便是裂变的时机。通常来讲，裂变的时机取决于以下两个方面。

（1）结合热点事件和节日。通常来讲，热点事件和节日是举行裂变活动的最佳时机，因为这些都是当下用户最关注的内容，所以蹭一蹭热度，有利于吸引用户的关注，也可以增强用户的参与感和归属感。

（2）考虑市场竞争情况和目标用户的特性。如在同一时间段，和自己同题材的电视剧爆火，那么我们就要避其锋芒，不要策划裂变活动，因为竞争对手的热度高、流量大，抢也抢不过。与其硬刚，还不如避开与他们在这个时间段进行相似的活动，这样自己的竞争压力也小一点。另外，裂变的活动也要考虑在目标用户活跃的时候，这样他们才有多余的时间参与裂变活动。

第三，选择好裂变的渠道

裂变的渠道可以理解为"地利"因素。裂变渠道的选择需要多个因

素，如目标受众、活动目的、预算以及渠道的特性等。以下是一些具体的建议。

如果你有自己的渠道，如公众号、微信群、抖音账号等，那不妨使用自有渠道，因为这些渠道本身拥有一批粉丝，粉丝对品牌以及产品也有一定的信任，这样裂变的时候成功的概率也很大。如果你选择和别人合作，那也可以将你的裂变活动发送到合作对象的账号上，这样也会增加活动的曝光度。当然，你还可以选择社交媒体平台，比如，专业性强、用户质量高的知乎，用户基数大、信息传播快的微博等。最后你还可以根据目标用户常在的地方做裂变。总之，裂变渠道没有统一固定的，大家按照自己的需求综合判断。

第四，选择好目标用户

目标用户是你的"人和"。不管做哪种类型的裂变活动，你的用户始终是核心。在裂变活动开展之前，要找到符合产品气质的消费者。换句话说，就是做大量的用户调查，收集用户反馈，了解用户的需求和痛点在哪里。根据不同的营销目标可以选取其中一个时段，对这个象限进行营销，精准触达就这样实现了。

总而言之，我们要带着全局的思维来"操盘"，一个品牌想要走得长远并产生裂变效应，不仅需要把市场、运营、产品、数据、供应链各个环节全部打通，还得从天时、地利、人和的角度出发，以此极大程度提高裂变活动的成功率和效果。

解锁企业用户增长的秘密通道

平台和渠道是促成企业裂变营销的重要载体，合适且优质的平台在企业裂变发展中扮演着至关重要的角色。它不仅能够促进用户增长和品牌影响力提升，还能够增强用户黏性、降低营销成本、促进业务创新和构建用户生态。本节我们一起盘点当下最热门的几个裂变渠道，以此促进企业用户成倍增长。

第一，抖音

抖音，是由字节跳动孵化的音乐创意短视频社交软件，上线于2016年9月，是一个面向全年龄段的音乐短视频社交平台。企业可以通过抖音录制并上传视频、照片等形成自己的作品，抖音会按照独有的算法机制，智能推荐给对该类视频感兴趣的用户。

作为一款强大的裂变营销工具，抖音有以下几方面的优势。

（1）海量用户。抖音拥有数亿用户，而且用户的活跃度非常高，可以通过用户分享、点赞、评论等方式进行裂变。

（2）传播速度快。抖音利用用户的社交关系链进行传播，可以迅速扩大信息的传播范围。

（3）精准度高。运营者可以通过抖音的数据分析精准定位目标用户群

体，这样营销效果和转化率都能得到保障。

（4）营销成本低。相较传统广告，抖音裂变营销不需要大量资金投入，只要你有足够优质的内容，便可通过用户分享轻松获客。

（5）广告投放。抖音的智能算法可以根据用户行为进行个性化推荐，商家可以精准投放广告，广告投放会引来大批流量，会吸引用户关注和转化，从而进一步推动裂变。

总而言之，抖音作为一款裂变渠道，具有用户量大、快速传播、社交属性强、精准度高、营销成本低、广告投放效果好等优势。大家如果有裂变需要，不妨在这个平台试试水。

第二，快手

快手也是一款国民级短视频App。该软件可以用照片和短视频记录生活的点滴，也可以通过直播与粉丝实时互动。

企业在快手策划裂变活动有以下优势。

快手具有浓厚的社区氛围和较强的用户黏性，有助于建立消费者对品牌的信任感和增加回头率；企业可以利用快手的话题挑战赛、互动游戏等方式吸引用户参与并转发分享，形成裂变式传播；企业还可以根据用户的兴趣爱好、性别、年龄等特征，有针对性地在快手上推送自己的宣传内容，以较低的成本实现社交裂变的高效果。

除了短视频制作和推送外，快手还可以为企业提供广告投放服务。企业可以根据自身经济实力和裂变需求，选择在快手的主流频道或用户关注的短视频上投放广告。这种广告投放方式可以加速企业的裂变效果。

另外，快手还开设了电商直播功能，企业可以利用这个功能直播介绍产品或服务，吸引用户的关注并提高销售转化率。

总而言之，作为裂变渠道，快手可以利用其庞大的用户基础和多样化的内容形式，为企业提供广泛的宣传推广和用户增长的机会。

第三，微信

微信（WeChat）是腾讯公司于 2011 年 1 月 21 日推出的一款面向智能终端的即时通信软件。微信支持发送文字、语音、图片、视频、地理位置等信息，并且可以进行语音通话、视频通话和群聊等功能。除了通信功能外，微信还拥有朋友圈、微信支付、微信红包、微信公众号、小程序等功能。微信作为社交通信工具，拥有庞大的用户群体，月活跃用户数达到数亿，覆盖了全球多个国家和地区。

作为一个裂变渠道，微信主要通过以下几种方式进行传播。

（1）朋友圈分享。微信朋友圈是腾讯微信的一个社交功能，它允许用户分享动态、照片和视频。企业可以引导用户将优惠活动或产品分享到自己的朋友圈，让更多人看到并转发。

（2）群发消息。如果企业有大量的微信好友或群组，可以通过群发消息将活动或产品推广给更多人，这样裂变的效果也很惊人。

（3）微信公众号。微信公众号是微信公众平台（WeChat Official Accounts）上的一种应用账号，它允许个人、企业或组织在微信上创建自己的公众号，并通过公众号发布文章、图片、视频等多种形式的内容。企业可以通过微信公众号发布优惠活动或产品信息，引导用户转发和分享。

（4）微信小程序。微信小程序是一种基于微信平台上的轻量级应用，用户无须下载安装即可使用。通过微信小程序，企业可以让用户更方便地了解和购买产品，同时也可以引导用户分享和邀请好友参与。

（5）微信支付。微信支付是由腾讯公司推出的移动支付服务，它集成在微信客户端内，允许用户通过智能手机完成各种支付操作。企业可以在微信支付页面推广优惠活动或产品信息，鼓励用户购买并分享给好友。

第四，今日头条

今日头条是北京字节跳动科技有限公司开发的一款基于数据挖掘的推荐引擎产品，为用户推荐信息，提供连接人与信息的服务的产品。作为一种营销渠道，今日头条有以下几种裂变优势。

（1）强大的用户基础。今日头条拥有庞大的用户群体，且用户活跃度较高。在这个平台上裂变，可以触达到更多的用户，这使得裂变信息能够迅速在用户间传播，从而帮助企业实现用户数量的快速增长。

（2）丰富的裂变手段。今日头条有邀请好友机制、社交裂变功能、任务互动体系等，这些裂变手段都可以帮助企业快速扩散裂变信息，从而提升自己的影响力。

（3）精准的内容推荐。今日头条利用先进的算法技术，能够为用户精准推荐感兴趣的内容。这种个性化推荐不仅增强了用户体验，还使得内容更容易被用户接受并分享，从而促进了裂变效应的产生。

以上就是当下比较火爆的裂变渠道。大家在策划裂变活动的时候可以做一个参考。当然，除了上面介绍的这些裂变渠道之外，我们还可以通过搜索引擎，如 Google（谷歌）、百度等；社交媒体，如 Facebook（脸书）、Instagram（照片墙）、Twitter（推特）、微博等；电子邮件，通过发邮件进行营销；网络广告，如 Google AdWords（谷歌关键词广告）、Facebook Ads（脸书广告）、Banner（横幅）广告等；电子商务平台，如淘宝、京东等；移动应用，如 App Store、Google Play 等；视频分享平台，如 YouTube（油管）、优酷等；媒体网站，如新闻网站、博客网站等；聊天应用，如 WhatsApp(瓦次普)、微信等；互动游戏，如在线游戏等。这些平台也能帮助企业和品牌完成信息的裂变和传播。

企业智能裂变的实战指南

如今是一个人工智能的时代，各行各业因为 AI 的出现发生了翻天覆地的变化。这种变化对于企业而言，既是机遇又是挑战。作为一个裂变营销的策划者，我们也要及时引入人工智能技术，从而借助它的力量提升用户的互动体验，最终实现高效裂变的目的。

下面我们为大家准备了一份智能化裂变的实战指南，大家在实操的过程中可以参考一二。

第一，智能分析用户行为

企业可借助算法模型对用户的行为、兴趣爱好、社交圈等数据进行分析，这样可以精准锁定潜在客户群体，从而为制订裂变营销方案提供重要

依据。

以国外某个咖啡厅的 AI 监控为例，它的第一个功能便是分析用户行为，比如客户在咖啡厅待了多长时间，在店期间点了多少杯咖啡，这样的数据分析可以帮助店主识别出不同穿着、性别、年龄段的客户都会有哪些消费行为，从而针对这些客户做出不同的营销策略。

第二，智能化推荐

基于用户画像，通过智能推荐系统为用户推送个性化的营销内容。这种推荐方式能够精准地匹配用户需求，提高用户满意度和参与度，进而推动营销活动的成功。例如，电商平台亚马逊就利用 AI 智能推荐系统为客户推荐他们感兴趣的商品，在提升用户购物体验的同时，也提高了自身的销售转化率。

第三，智能化创作裂变海报

如今市面上流行很多智能海报生成器，我们只需要把需求输入进去，就可以一键生成品质精良的海报。这大大节省了我们的人力成本，也提高了裂变的效率。以蚂蚁有创意为例，它是支付宝推出的一个 AI 创意生成平台，这个平台对于商家和需要设计海报的人而言是一大福利。打开这个平台，我们只需要用语言描述一下自己的想法，蚂蚁有创意就能借助 AI 的力量快速帮我们生成海报。如果你觉得自己的想法不够有创意，这个平台还会为你提供 AI 创意洞察，帮你分析营销物料，给出优化建议。如果你有好的创意，还可以充分利用平台提供的无数营销图片和素材，让你的创意拥有更多实现的可能。总而言之，有了 AI 的助力，我们不仅能提高海报的生成效率，还能提高海报的点击率和转发率，从而吸引更多的自然流量，有效提升自己的投产比。

第四，智能监测与优化

企业可以借助 AI 技术实现营销效果的实时监测和自动优化，确保营销活动持续有效，不断提升裂变效果。拼多多在拼团裂变的时候就曾借助人工智能技术，对用户的裂变行为进行深度分析和优化，从而大大提升裂变的效率和转化率。

第五，用智能技术深度链接用户

随着人工智能技术的不断发展和创新，其深度链接用户的能力也在不断增强。以"宝宝不哭"为例，它是美素佳儿联合百度营销推出的一款智能小程序。这个小程序通过 AI 技术智能分析宝宝哭声，创造不同类型的宝宝安抚曲。这个小程序能帮助父母更好地理解孩子的需求，因此一上线就广受好评，最终该活动实现了超过 7 000 万次的曝光，小程序使用人次达到 158 万以上，人均使用时长超过 60 秒，平均日重复使用率达到 1.2次。从这个案例可以看出，这种深度链接可以更加精准地满足用户需求，可以更好地提升用户体验，也可以更有效地实现裂变营销的效果。

第六，智能创造有新意的裂变活动

人工智能技术在推动裂变策略创新方面发挥着重要作用。我们以呷哺呷哺为例，它借助百度 AR 科技力量，跨界联动百度 IP 标识小度熊，联合推出"小度熊冰淇淋"。这种创意玩法开启了裂变营销的新思路，最后引发了风靡全城的百度 AR 扫"熊"热潮。通过这个案例我们不难发现，人工智能在推动裂变创新和优化方面存在巨大的潜力，有了人工智能的帮助，用户的体验感直线上升，品牌的持续增长和发展也能得到有力的保障。

现如今 AI 技术在裂变营销中已经被广泛应用，并且还取得了显著成效。作为一名营销者，我们也应该紧跟时代的步伐，用智能技术驱动裂变营销。这样在为用户带来全新体验的同时也能大大提高自身的裂变营销效率和效果。

 从微小到巨擘：深度剖析拼多多的裂变逆袭之路

众所周知，在拼多多面世后，电商市场早已被京东、淘宝分割完毕。但当时的人们谁也没有料到这个微小的平台，在后来竟然能凭借着独特的裂变营销策略迅速崛起，甚至其市值一度超越了电商巨头阿里巴巴。从微小到巨擘，拼多多的裂变速度绝对是一个奇迹，淘宝走了五年的路，拼多多只用了一年就走完了。下面我们一起走进拼多多，深度剖析一下其独特的裂变之道。

首先，拼多多在裂变之前给自己一个明确的定位："爆款 + 低价"。它紧紧抓住了消费者对价格的敏感特点，始终将低价策略奉为圭臬。其次，有了明确的定位之后，拼多多所有的裂变活动都是围绕着"商业目标的持续营收"和"用户价值商品便宜"这两个指标展开的。

在整个裂变过程中，拼多多借助"拼团＋低价＋社交"的组合，扩展出一整个"获客留存—变现—自传播"的用户自增长模式。具体来说，拼多多的裂变模式包括以下几个方面。

第一，社交分享

拼多多鼓励用户在社交媒体上分享自己购买的商品或优惠信息，吸引更多的用户加入拼团或购买商品。借助微信的强大生态链，拼多多以嵌入小程序的形式完成了购买链接在社群和朋友圈的快速传播。这种社交分享使得拼多多的裂变营销更加高效和广泛。

第二，邀请好友

拼多多通过邀请好友的方式，让用户获得更多的优惠和奖励。这种方式促进了用户之间的互动和分享，提高了用户的参与度和活跃度，扩大了用户基础和市场份额，提升了品牌形象和知名度。同时它在促进商品销售和业绩增长、创新购物体验以及优化营销策略等方面都发挥了重要作用。

第三，拼团活动

拼多多的拼团活动是裂变模式的核心，用户可以邀请好友一起拼团，享受更多的优惠和折扣。这种方式不仅增强了用户的参与度和忠诚度，还有效地降低了企业获取用户的成本。

第四，限时抢购

拼多多的限时抢购活动也是裂变模式的一部分，拼多多通过限时抢购的方式，制造了用户的紧迫感，而这种紧迫感不仅促使用户迅速做出购买决策，同时也促进了用户之间的分享和邀请。

第五，"砍一刀"模式

拼多多的"砍一刀"策略同样令人印象深刻。用户在拼多多平台选择心仪的商品，进入特定的砍价页面后发起砍价请求，接着用户会通过微信、QQ 等社交平台分享砍价链接，邀请好友参与，随着砍价次数增加，每次砍价能降低的价格逐渐增多，用户在好友的砍价助力下，获得商品的最低价，而拼多多凭借着这种营销策略，达到了促销和吸引用户的目的。

除了以上介绍的营销策略外，拼多多还推出了各种趣味活动，比如多多果园、现金大转盘等，以此来增强用户的黏性和参与感。总而言之，拼多多的裂变营销之路是多角度的、全方位的。通过一系列的裂变营销操作，它成功实现了用户数量的快速增长和销售额的提升。

Part 2 准备篇

吹响裂变营销前奏曲，设计让人欲罢不能的分享诱因

俗话说："不打无准备之仗，方能立于不败之地。"在裂变活动开始之前，一定要事先做好各种准备。首先，积累自己的"种子用户"，有了他们托底，我们才能掀起裂变风暴；其次，设计裂变规则，让规则撬动用户批量增长；再次，设计好优质的裂变海报，这样它才能给你带来刷屏级的裂变效果；最后，我们还要运用好裂变的工具，有了工具助力，裂变效果才能事半功倍。

第三章
搭建超级裂变体系，
从甄选"种子用户"开始

👥 "种子用户"是什么

"种子用户"，顾名思义，就是用户像种子一样，有旺盛的生命力，有一定的挑战精神和探索欲望。具体来说，就是指那些积极参与产品体验并提供反馈的用户。这些用户通常在产品开发的早期就愿意尝试，并且对产品有较高的忠诚度。一般来说，在体验感不错的前提下，他们还愿意将产品体验分享给别人，帮助产品进行口碑传播等。

例如，一个群主召集了500个用户，随后他在该群内推出新款衣服，其中有120人积极主动咨询这款衣服，并且表现出很强的购买意向，同时他们也愿意将新品推荐给自己的亲朋好友，那么这120人便是真正的"种子用户"。

再如，keep 在产品内测阶段招募到了 300 多个内测用户，这些用户都是健身领域的重度爱好者，他们忠诚度极高，同时也愿意积极反馈产品使用感受，直到现在依旧在 keep 上活跃度极高，这样的用户便是不折不扣的"种子用户"。

一般来说，"种子用户"也可以分为不同的种类，有的人就像革新者一样，对新鲜事物感兴趣，接受能力强，敢于做第一个吃螃蟹的人，新品发布愿意第一个尝试；有的人就像推销员一样，有广泛的人脉关系，擅长用自己的方式扩大产品的影响力；有的人就像试验员一样，不一定有人脉或者推销能力，但是他可以深度参与你的产品开发，给你提出很多实用的建议；有的人则像一个热情的唠嗑员，积极回应管理员，在社群中发表自己的观点，与其他成员积极交流和讨论，从而促进信息的共享和社群的活跃度。

总而言之，"种子用户"的表现多种多样，我们在筛选"种子用户"时要有一定的标准。通常来讲，在举行裂变活动前可以通过"种子用户"的五个特征加以筛选。

第一，参与性

说到小米的成功，很大一部分功劳来自他们的"种子用户"。这些"种子用户"给了小米非常优秀的反馈，首先，他们会在小米发放内测版本的产品时，提前体验产品的功能和特性，并积极给予反馈意见。其次，他们还会在论坛、社交媒体等平台发表自己的使用心得和建议，以此帮助小米更加了解用户的需求。最后，他们在体验完产品之后，还会向身边的亲朋好友推荐小米产品，让小米品牌形成口碑效应。从这一系列举措当中，我们不难发现：优秀的"种子用户"必然具备一定的参与性。

第二，包容性

"种子用户"基本上都很乐意尝试新鲜的产品或者服务，并且对产品保持很高的认可度，最后产品即便不符合他们的预期，他们也会表现出一定的包容度，能够积极提供反馈意见，帮助企业和品牌打磨完善新产品。

第三，活跃性

"种子用户"还具备很强的活跃性。打开社群，我们可以到处捕捉到他们的影子，他们有时会在社群中和管理员互动，有时会积极参与话题讨论，有时也会快速转发群内消息，有时还会热情分享产品使用感受等，总之，他们高度活跃的状态总是让社群充满活力和生机。

第四，传播力

前面我们讲过，"种子用户"会通过社交网络向周围的亲戚朋友传播产品的正向信息，以此帮助产品扩大知名度，提高影响力，增加用户基础，品牌也借助"种子用户"的传播力降低了市场的推广成本。

第五，有需求或者潜在需求

通常来说，"种子用户"的需求分为两种，一种是明确的需求，即他们表达出对产品或者解决方案的渴求，他们会把自己的需求主动反馈给服务商，希望服务商能够创造出他们需求的东西。另一种是隐性的需求，这时就需要新产品的开发团队去预测、去创造、去培育，以此来激发出他们内心想要的东西。了解了这一特性之后，我们就需要全面了解市场，挖掘出痛点，找到新产品和用户需求之间的和谐匹配点，从而为社会、为用户创造价值。

以上便是"种子用户"常见的五个特征。通过这五个特征可以为大家筛选出符合标准的"种子用户"，进而为后续的社群营销和传播裂变奠定坚实的用户基础。

🧑‍🤝‍🧑 "种子用户"，裂变风暴的起点

众所周知，张德芬空间是自媒体领域内极具影响力的一个个人成长教育平台，目前它全网拥有 1 000 万以上的粉丝量。而它如今之所以拥有如此庞大的粉丝体量，一方面离不开专业优质的内容，另一方面也得益于"种子用户"的持续发力。

张德芬空间在刚开始的时候只有 3 000 多个"种子用户"，它利用这些"种子用户"展开了一场裂变活动，活动规则表明：一个用户邀请 5 位好友，可获得心动初恋包；邀请 10 位好友，可获得四倍蚕丝面膜；邀请 15 位好友，可获得红石榴爽肤水。凭借这场裂变活动，张德芬空间新增粉丝 4 000 多个，好友 2 000 多个。张德芬空间通过设置诱人裂变奖品、多渠道推广等策略成功实现了 3 000 多个"种子用户"的快速裂变，这也为其后来的发展壮大开了一个好头。

在现实生活中，有无数的商家和企业像张德芬空间那样通过"种子用

户"为后续用户的快速增长和传播形成强大的口碑效应，也成功开启了裂变之路。下面让我们一起盘点一下"种子用户"的种种优势，以便大家对它有一个更为清楚准确的认知。

第一，为社群用户树立一个榜样

民间有句谚语："青藤靠着山崖长，羊群走路看头羊。"一个社群要想发展壮大，离不开一个"领头羊"，有了这个引领者，其他成员才能有正确的方向和目标。而一个社群的"种子用户"就好像群里的领头羊一样，他们的行为和态度可以影响潜在用户的决策。有了他们做示范，进入社群的其他用户才能积极发言，主动下单，并且向身边的人传播社群信息，向社群提出有用的建议等。

第二，为社群奠定基础

"种子用户"是社群的标杆，他们除了通过自身的积极互动和行为展示社群的价值外，还能通过社交媒体分享、口碑传播效应等，吸引更多的人加入，从而推动社群用户增长和影响力扩大。有人贴切地把"种子用户"比作创业的第一桶金，有了这第一桶金，才能为社群下一步的裂变营销打好基础，否则巧妇难为无米之炊，社群很难发展起来。

第三，完善社群的运营

社群在刚刚成立之初，存在各种各样的问题，运营者尚未建立起完善的流程。这个时候，"种子用户"会发现并指出社群当前存在的问题，比如，对用户的需求和反馈关注不够，缺乏个性化的关怀和服务，社群发展无序，缺乏有效的激励机制等。针对这些问题，"种子用户"还会提出相应的建议，这样运营者便有了行之有效的方法，社群运营也因为有了"种子用户"的参与而变得更加完善。

第四，提升社群的活跃度

前面我们也讲过，"种子用户"是一批敢于尝试、敢于探索的积极分子，他们能够在群内积极与群主互动，分享有价值的内容，创造高质量的话题讨论等，这一系列的举动使得社群的活跃度非常高，群内的氛围也不沉闷，新成员的体验感也直线上升。

第五，提高社群的传播率

在社群运营初期，"种子用户"会通过社交媒体、线上社区等渠道进行口碑传播，扩大产品的影响力。另外，他们还会主动邀请认识的人进群，并且将社群分享转发到朋友圈，让更多潜在的用户加入其中，这大大提升了社群的传播率。

总而言之，"种子用户"在裂变活动中起着举足轻重的作用。聪明的运营者会通过多种举措，招募一批高质量的"种子用户"，然后最大限度地借助"种子用户"的作用，引发一系列裂变效应。

高效获取"种子用户"的七个方法

运营者在了解了什么是"种子用户"以及其各种优势之后，接下来要做的便是获取"种子用户"。在挑选的过程中，除了那些本身对企业产品

感兴趣的易获得的"种子用户"之外，剩下的还需要管理者主动出击、积极寻找。下面我们为大家介绍七种获取"种子用户"的方法，希望这些方法可以帮助大家快速获客，从而助力品牌快速崛起。

第一，从各类新媒体渠道寻找

在过去，由于企业掌握的用户信息有限，所以挖掘"种子用户"也困难重重。而如今是一个大数据时代，企业可以借助互联网技术，在各类新媒体平台招募到更为广泛的"种子用户"。如小红书、豆瓣、知乎、微博等平台用户规模庞大，而且活跃度极高，大家可以在这些平台发布"种子用户"的邀约，一定能找到优质的"种子用户"。

第二，通过社交关系链寻找

这也是获取"种子用户"的一大方法。具体来说，我们可以通过 QQ 群、百度贴吧、微信朋友圈、社群等发出"种子用户"的邀约。小米联合创始人黎万强和研发团队就曾经通过在各大手机论坛（如安卓网、机锋论坛等）发帖、回帖，以及在 QQ 群、QQ 空间等社交平台互动，成功挖掘到第一批"种子用户"，后来这些用户成了小米的忠实粉丝和品牌传播者。

第三，利用好自身的资源和优势

俗话说，背靠大树好乘凉。如果你有好的资源不妨为己所用，这样也能节省成本。比如，字节跳动的汽水音乐 App 在早期就是通过字节跳动的抖音做推广的，以此募集到"种子用户"。通常来讲，这种方式适合大公司，大公司条件优越，可最大化整合内部资源，利用自身资源优势做"种子用户"的挖掘和引流。

第四，从竞争平台挖掘

通常来说，竞争对手的平台聚集了很多精准用户，所以有一些聪明的商家会直接去竞争对手那里"挖墙脚"。例如，一些棋牌游戏上线后运营者总会换个小号加入同行的用户群，挨个加好友，然后试图让这些用户体验自己的产品。这一招看起来很笨拙，但是好在用户精准度高，效果也非常显著。

第五，线下拉人

除了网络作战以外，我们还可以开展线下推广，如在线下举行讲座、峰会、发传单、关注立减、即送、微信照片打印机等。例如，keep 早期拉"种子用户"的时候直接去线下的健身房附近发送传单，引导第一拨"种子用户"加入，这样的方式非常直接高效，值得一试。

第六，找垂直领域的舆论领袖

很多商家找"种子用户"总喜欢借助团队成员的人际关系网，其实这样做的效果不尽如人意。最好的方式是借助垂直领域的舆论领袖来召集，这样会事半功倍。我们知道行业大咖、意见领袖的感召力非常强大，也很有权威性，因此找这样的人做自己的代言人更容易获得"种子用户"。

第七，用优质的内容积累"种子用户"

俗话说，你若盛开，蝴蝶自来。想得到一匹骏马，不如自己去种出一片草原。聪明的商家懂得先打造优质的内容，然后靠优质的内容吸引同频的人，进而使其产生转发和分享的行为。例如，短视频界的"一条"最开始破圈的，就是依靠优质的内容。当初"一条"讲述中国个性酒店的视频出来之后，吸引很多领域的达人驻足关注，一个小时的转发量就达到了上万。在此过程中，各路达人便是它优质的"种子用户"，而这些"种子用户"之所以能主动发力，最主要的原因是它的内容足够吸引人。

以上便是获取"种子用户"常见的七种方法。除此之外，我们还可以利用自身的差异化优势和有用户资源的团队进行资源互换，或者策划一个吸引人的活动，然后通过社交媒体提升活动曝光度，以此吸引"种子用户"前来参与。另外，可以进行有针对性的广告投放，用真金白银吸引潜在用户关注，并引导他们进入网站、应用程序或者社群等。

 筛选"种子用户"常用的六个方法

我们知道"种子用户"来源于初始用户，但不等同于初始用户。在获取"种子用户"的过程中我们要加以筛选，否则低质量的"种子用户"越多，越不利于社群的稳定，也不利于后续裂变营销活动的顺利展开。滴滴在成立之初曾经度过了一段举步维艰的时光，那个时候他们找不到合适的"种子用户"，不管去哪家出租车公司都会吃闭门羹，据说整个团队40天都没有谈成一单业务。后来还是一家很小的出租车公司答应试一试，这才让滴滴产品得以破局。这个案例告诉我们，"种子用户"要筛选，切忌"眉毛胡子一把抓"，否则很难成功。

那么具体来说，如何筛选"种子用户"呢？以下是六个实用方法。

第一，田野调查法

田野调查被公认为是人类学学科的基本方法论，也是最早的人类学方法论。这种方法主要用于自然科学和社会科学的研究。如今是互联网时代，我们可以走出线下沉浸式观察，继而延伸到网络空间进行田野调查。

"参与当地人的生活，在一个又一个严格定义的空间和时间的范围内，体验人们的日常生活与思想境界，通过记录人的生活的方方面面，来展示不同文化如何满足人的普遍的基本需求、社会如何构成。"这便是田野调查具体操作流程。田野调查法对于筛选"种子用户"具有重要意义，它不仅能帮助企业深入理解用户需求、建立彼此之间的信任与共鸣，还能帮助企业发现潜在传播者，促进产品迭代与优化等。

钉钉在寻找"种子用户"阶段就曾经使用了这种方法。他们的创始团队领导陈航经常陪客户撸串、打牌等，以获得常驻企业来做田野调查的机会。在此过程中，钉钉团队不仅深入了解企业级用户的需求和痛点，还成功筛选出一批高质量的"种子用户"，这也为它们后续产品的推广和口碑传播提供了有力支持。

第二，调查问卷

调查问卷是评估"种子用户"的有效方法之一。它是指通过书面形式，使用严格设计的问题或表格，收集研究对象的资料并对调查结果进行研究分析的社会调查方法，是实证研究中研究者用来收集资料的一种常用方法，也是社会调查中较为广泛使用的一种方法。

我们在使用这种方法筛选"种子用户"时要先明确筛选"种子用户"

的目标和标准，然后根据这一标准设计出一系列有关潜在用户需求、兴趣、行为等问题。除此之外，调查问卷要选择合适的发放范围，以及合适的发放渠道，这样才能获得有代表性和针对性的数据。最后，还要确保调查问卷便于理解和阅读，否则无法达到理想的筛选效果。

第三，系统测试法

利用这种方法筛选"种子用户"可通过以下几个维度进行。

（1）传播能力。一个"种子用户"的传播能力越强，证明他以后裂变的潜力就越大。所以在筛选的过程中一定要考虑他的传播力和影响力。例如，小米盒子在小米论坛中筛选"种子用户"群体时，就明确写着这样的要求：仅限小米社区积分大于200的认证用户、小米MIUI论坛积分大于200的用户及米聊米点大于300的用户，满足其中任意一个条件即可（满足多个条件，账号仅计算一个资格），预约时间2012年11月14日15时至11月15日24时。换句话说，只有满足以上要求的有影响力的用户才有预约的资格。

（2）时间。一个"种子用户"空余时间越多，那么他才有足够的时间参与社群的互动和传播。反之，假如一个用户的时间每天都被工作、孩子、家务等占得满满当当，那么他根本抽不出时间参与社群裂变。因此时间也是筛选优质"种子用户"的一个关键因素。

（3）产品需求。一个用户对产品的需求度越高，那么他对社群越忠诚，对品牌和产品的黏性才越强，后续他参与营销裂变的可能性才越高。所以，在筛选用户时我们也要考虑用户的需求，以及潜在需求。

除了上面提到的三点之外，我们还需要考虑用户的专业基础，对行业的了解程度，以及是否具备拥抱新鲜事物的品质等。

第四，自我认定法

自我认定法是一种筛选"种子用户"的有效方法，具体来讲，就是通过询问受访者认为体系中其他成员会怎样看待他的影响力，以此来评估该受访者是否具备成为"种子用户"的潜力。比如，某个公司推出一项科技产品，接着该公司针对一部分用户展开访问，访问的问题包括：你是否认为自己是科技产品的爱好者，你是否经常向他人推荐新的科技产品等。这种方法是基于受访者对自己在特定体系或社群中影响力的主观认知，通过这种方法可以为企业快速定位到具有潜力的"种子用户"。

第五，反向推导法

反向推导法也称为逆向推理或反向代入法，是一种从结论或结果出发，逆向推导出可能的前提或原因的推理方法。例如，网易云音乐在招募"种子用户"时，就曾经根据用户之前的听歌记录、收藏音乐的类型、账号注册的时间等加以筛选。这种根据过往行为反向推导的方法具有很强的可行性，大家在筛选的时候不妨一试。

第六，大五人格测试

大五人格测试是一种心理学工具，可以用于评估个体在五个核心人格特质上的得分，这些特质包括开放性（openness）、责任感（conscientiousness）、宜人性（agreeableness）、情感稳定性（neuroticism）和外倾性（extraversion）。在筛选"种子用户"时，我们可以用这种工具做辅助，以此识别出更具潜力的"种子用户"。

"种子用户"的质量关系着后续裂变的效果，因此筛选的时候不可麻痹大意。如果大家在识别和获取的过程中只是靠碰运气，或者没有清晰的思路，没有合适的筛选方法和工具，那么大概率无法挑选到合适的"种子用户"，等到裂变的时候隐患重重，达不到预期的裂变效果。为了提升自己的成功率，大家不妨试试上面介绍的这六种方法，这样才能确保筛选出的"种子用户"能够真正推动产品的推广和发展。

 高效运营"种子用户"的三个要点

在筛选完"种子用户"之后，接下来要做的便是运营"种子用户"。通过对"种子用户"的精心运营和管理，提升其活跃度、信任度和忠诚度，最终实现裂变，使企业快速形成品牌口碑和用户口碑。

在运营"种子用户"时，我们可以从以下三个方面入手。

第一，个性化的用户运营

"种子用户"能否在后期持续发力，与其对产品和服务的体验感、满意度有很大的关系。只有体验感提升了，大家才愿意为你的产品和服务呼朋引友，摇旗呐喊。而要提升用户的体验感和满意度，最重要的是针对"种子用户"的具体需求和偏好，提供精准的产品推荐和服务。

而在提供个性化服务之前，我们先要了解"种子用户"的属性，做好

用户画像。通常来讲，描述用户的画像主要从以下四个方面着手。

（1）用户特点。"种子用户"的特点包括其性别、年龄、地域、职业、消费能力、消费次数、消费偏好、受教育程度等。

（2）活跃时间。活跃时间是由用户的年龄、职业和生活习惯决定的。通常来讲，每个年龄段的人活跃的时间都不一样，并且年龄不同，生活习惯也不尽相同。另外，职业也影响着人们的活跃时间，比如学生党通常在课后和节假日活跃，宝妈群体通常在晚上比较活跃，上班族则是中午和晚上比较活跃。

（3）兴趣喜好。用户的兴趣和喜好也是需要重点分析的内容之一。只有了解了他们的兴趣和喜好，才能找到用户的共鸣点，继而利用这个共鸣点促使他们进行口碑传播和品牌推广。

（4）痛点需求。我们要与"种子用户"深入沟通，并多加观察，全面地了解其痛点和需求，这些痛点和需求是后续"拿捏"他们的关键所在。

了解了"种子用户"的各种属性之后，我们便可根据其实际情况进行精细化管理，并且还可以采取相应措施进行改进和优化自己的运营方案，从而提升其满意度和忠诚度。

第二，增强用户互动

企业可以通过与"种子用户"互动的方式展开运营，博得他们的好感、信任和助力，从而扩大品牌影响力，提高产品的市场占有率。具体来说，互动方式包括以下几种。

制订一个沟通计划，包括定期发布更新、发起讨论话题等，确保"种

子用户"不被冷落；组织线上或线下的活动，让他们深入了解你的产品；通过问卷调查、直接对话等形式鼓励"种子用户"提供关于产品或服务的反馈；对于用户的反馈要给予积极的回应，及时跟进，确保"种子用户"始终感受到你的关注和重视，也让他了解你整改的决心；让"种子用户"了解你的产品开发计划和进度，征求他们的意见，增强他们的参与感，调动他们的积极性等。

通过这一系列的举措可以增强用户的情感链接，提升用户黏性，提高用户忠诚度，并推动口碑传播，最终实现病毒式裂变。

第三，为用户建立奖励机制

为积极参与任务的"种子用户"提供奖励，如优惠券、免费产品、积分兑换等，以促使他们进一步转发和分享；为"种子用户"提供优先体验新功能、参与限量版活动等特权，以此提升他们的优越感和忠诚度；让"种子用户"通过完成任务、分享经验等方式提升等级，等级越高，解锁的特权和奖励就越多，这样可以更好地激发他们的积极性，这对于后续的裂变具有很大的益处。

以上就是高效运营"种子用户"的三个要点。在运营的过程中，我们要始终遵守用户思维，不管做什么都会优先从他们的角度出发，这样才能愉悦他们的身心，从而极大程度地发挥他们的价值。

让用户疯狂转发的五大动机

心理学家曾经做过一个关于三明治喜好的测试。作为回报，受试者可以拿到一定的试验酬劳。在试验过程中，受试者会面临两个选择。

（1）什么都不做，多获得 25% 的酬劳。

（2）可以把自己关于三明治的喜好分享给周围的人，酬劳不变。

这个试验的结果出人意料：大部分人宁愿放弃 25% 的酬劳，也要把自己关于三明治的喜好分享给别人。由此可见，分享欲是人的一种天性，有时候即便不用物质刺激，也能自发地进行分享行为。

作为一个营销策划者，我们要充分利用好人们的分享欲，在设计裂变规则的时候，多从人性的角度探讨，挖掘出使其疯狂转发的动力，然后引

导用户加快转发分享的步伐。

下面我们分析五个让用户疯狂转发的动机，希望可以帮助大家在设计裂变规则的时候获得一定的启发。

第一，利益驱动

俗话说："天下熙熙，皆为利来；天下攘攘，皆为利往。"利益是驱动用户分享转发的永恒动力。所以我们在设置裂变规则的时候，可以在物质上给用户一些奖励，比如优惠券、红包、礼品等。这样能刺激他们的参与热情，促使他们更积极地转发裂变信息。

第二，情感共鸣

情感共鸣是用户转发行为的深层动因。具体来说，就是你的裂变文案深深地触动了用户的情绪，从而使他对你的内容产生了兴趣，最后在情绪的驱动下做出了分享的动作。如陌陌的广告文案"别和陌生人说话"。

别和陌生人说话，别做新鲜事，继续过平常的生活，胆小一点；别好奇，就玩你会的，离冒险远远的，有些事想想就好，没必要改变。

待在熟悉的地方，最好待在家里，听一样的音乐，见一样的人，重复同样的话题。

心思别太活，梦想要实际，不要什么都尝试，就这样活着吧。

这个广告引来很大的转发，因为它戳中了很多人内心的想法，激发了他们的情绪共鸣。

第三，帮助别人

在心理学上有一个名词叫助人情结。它是指个体通过帮助他人来满足自己的心理需求。在帮助他人的过程中，个体自己的价值也得以体现，这是一个令人愉悦的过程，所以很多人沉迷其中，乐此不疲。

聪明的策划者能够抓住大众的这一心理特征，策划一些类似"转给正在找工作的朋友：简历面试八大技巧"的裂变文案。用户看见这些有用的信息能够帮助到别人，于是随手就转发朋友圈。

第四，塑造形象

每个人都渴望在别人面前为自己树立正面的、积极的形象。所以当你组织策划出一些主题为读书、运动的裂变活动时，人们总是很乐意参与，因为这样会显得他很积极上进。

第五，有价值的信息

用户转发的另一个重要动机是信息的有用性。当用户认为某条信息对自己有价值时，他们更有可能进行转发。这种价值可以是知识性的，如提供新的想法、干货、方法或技巧等；也可以是实用性的，如提供生活小窍门、购物优惠信息等。

以上就是促使用户疯狂转发的五大动机，这些动机相互交织、共同作用，推动了用户在社交网络中的转发行为。我们在了解了这些动机之后，就要善于利用它们，从而设计出成功的裂变规则，继而推动裂变活动发挥出最好的效果。

 **巧设奖励机制，让老客户自发转介绍**

从心理学的角度来看，动机是人们行为的重要驱动力。我们要想让用户产生转发分享的行为，那么势必要给其一定的动力。而在所有的驱动因素里面，利益是最直接、最有效的。所以，在制定裂变规则的时候，与用户利益相关的奖励机制一定要设置合理，这样用户才能自动转发，从而促使你的裂变活动走向成功。

具体来说，奖励机制应该如何设置呢？以下是一些需要遵守的原则。

第一，"诱饵"一定要与你的产品有相关性、互补性

为了确保后续的转化率，我们在设置奖品的时候一定要让其和你的产品有关联性或者互补性。例如，假如你的产品是一个在线培训的软件，那么你赠送给用户的东西可以是五节数学重难点精讲公益课。这些公益课作为一个"诱饵"，可以吸引到有培训需求的用户。如果你赠送的东西与培训课程没有任何关系，那么势必无法得到精准用户。

第二，"诱饵"必须戳中目标用户的内心需求

奖品一定要送到目标用户的心坎里，这样他才觉得你的奖励是有价值的。反之，如果你不事先洞察用户的需求，不从他们的内在需求出发，直接给他们发送一些对于他们而言无关紧要的东西，那么根本无法激发他们参与的兴趣。所以，聪明的商家总是能贴合用户需求，注重产品细节，发放能带给用户情感享受、情感认同和情感归属的产品。

例如，某儿童摄影店为了让用户转发他们的国庆优惠活动，直接赠送电动除螨仪，这个赠品对于宝妈而言实用性很强，尽管这个产品和摄影作品关系不大，但是二者可以形成互补。而且最重要的是，它正好戳中了用户的内心需求，同时也很稀奇，所以可以很好地吸引宝妈群体前来参与裂变活动。

第三，选用的奖品要低成本高价值

裂变的奖品不能设置得过于昂贵，否则会招来很多"羊毛党"，到时候策划者会得不偿失。但是奖品也不能显得过于低廉，这样用户会失去参与的兴趣。最好的裂变奖品是那些低成本高价值的产品，这样既可以劝退"羊毛党"，又能吸引到精准的用户。

通常来讲，你的奖品可以是课程、电子书这类的虚拟产品，也可以是一些品牌试用装，抑或是带有品牌 LOGO 的特色礼物，这样既能够满足用户的需求，又能够提升品牌形象。当然还可以是一些灵活性和实用性较强的购物卡、充值卡、商品兑换券。

第四，选择的奖品最好有传播属性

裂变靠的是社交网络，有些不适合传播分享的奖品，千万不要选。为了确保奖品能够有效地促进传播，我们不妨选择那些社交属性奖品，比如某社交平台的会员、游戏皮肤，或者限时限量奖品、故事性奖品，这些奖品可以激发用户的分享欲望，从而在无形中为品牌做宣传。

第五，提现不能过于复杂

有些裂变活动在设置提现流程的时候搞得过于复杂，限制条件非常多。要么要求你每周或者每月固定时间来，要么规定一次只能提 ×× 元，要么现金只能提现到银行卡，不能转入微信，要么不是会员不能消费，总之提现门槛很高，这样虽然能杜绝"羊毛党"，但是也给参与用户造成一定的心理压力，大家参与的积极性大大降低。

设置任务奖励，也就是设置"诱饵"，以吸引相关用户来参加裂变活动。所以，奖品的设置对于活动的成功至关重要。我们在设置奖励规则时要明确写清楚奖励的具体内容、领取的方式、限定的时间等，避免用户因为误会而产生不满。同时还要确保所有奖励规则和活动流程都公开透明，从而让用户信任并积极参与。

 这样设计邀请机制，用户量轻松翻倍

精通营销的人大多都知道乔·吉拉德的 250 定律，即每个顾客背后都有大约 250 个潜在顾客，包括他们的家人、朋友和同事。如果一个推销员得罪了一个顾客，可能会失去这个顾客背后的 250 个潜在顾客。从这个定律当中可以看到社交关系的庞大力量。在裂变营销中，我们也可以利用用户的社交关系，鼓励他以邀请的方式拉新，以此快速扩大产品的知名度和用户基础。

那么，在裂变的实操过程中，我们应该如何设置邀请机制，才能让每一位邀请者成为品牌的传播者？以下是几点参考建议。

第一，设计阶梯任务和奖励机制

策划者可以根据邀请人数、分享次数或被邀请者的激活程度等设置阶梯任务。完成不同任务可获得不同层次的奖励，这样做可以更好地激励用户持续参与邀请活动。

当然，奖励的内容除了物质条件以外，还可以设置为积分、勋章、排名，这些激励措施也能促使用户加快邀请的步伐。

另外，在设置奖励制度的时候，要同时给邀请者和被邀请者一定的好处，这种互惠互利的举措可以大大降低邀请者的心理压力，提升其邀请的效率。

第二，设计邀请码和邀请链接

邀请码可用来追踪邀请来源和邀请效果，帮助运营者分析哪些用户或渠道更具推广价值，所以设计好邀请码对于裂变活动的成败至关重要。

我们在设计邀请码的时候，可以设置其有效期限，这样就可以控制用户参与活动的节奏。过期之后，邀请码自动失效，这样大大降低了我们的管理成本。另外，还要确保邀请码具备简洁易记、安全性、唯一性的特点，这样才能在保证用户顺利使用的同时，避免潜在的风险。

邀请链接通常包含特定参数，用于标识邀请者和被邀请者的关系。被邀请者点击链接后，可直接跳转到注册或购买页面，无须手动输入邀请码。

首先，我们在设计邀请链接的时候，要确保链接带有授权参数，这样可以更好地保护用户的隐私。其次，设计链接时应考虑如何追踪其使用情况，如点击次数、转化率等，这也可以帮助我们在后续复盘相关的裂变数据。再次，我们还要确保生成的链接有效，能够直接引导用户到达指定的页面，否则会影响用户的邀请效率。最后，我们还要保证链接的安全性和兼容性，这样邀请者才更有安全感，才会获得好的体验。只有邀请者的体验感和安全感提升了，他才会更积极地邀请其他亲朋好友一起参与裂变活动。

第三，优化用户的分享体验

我们在设计邀请机制的时候，要关注邀请者的体验和感受，确保他们的分享路径简洁明了，可轻松操作。例如，设计者可为用户提供一键分享功能，支持多种社交平台（微信、微博、QQ等），以此方便用户快速分享。还可以鼓励用户自定义分享文案和图片，以增加他们分享的趣味性。另外分享的内容要有趣味性和吸引力，这样才能增强他们的邀请兴趣。

第四，选择合适的邀请渠道

不同的渠道具有不同的特点和受众群体，企业应根据目标受众的喜好和习惯选择合适的传播渠道。另外还可以根据数据结果调整分享策略和传播渠道，以此提升用户增长的效率和质量。反之，如果企业只局限于一个邀请渠道，那么就会白白丢失很多宝贵的流量。

以上就是邀请机制设计的一些技巧和注意事项，我们在实际操作的过程中要多方思考，综合判断，这样制定出来的邀请机制才能吸引更多的用户参与。

设计裂变规则要考虑这三大成本

我们在做一件事情之前，通常脑海里会盘算这件事情的投入产出比是多少，如果收益远大于投入，那么这件事情便可操作，如果收益小于投入，那么便是亏本买卖，不做也罢。同样的道理，在设计裂变规则时也要考虑用户的投入产出比，如果对用户来讲，在裂变的过程中付出的成本过高，可能会让他觉得参与活动的门槛太高，从而降低参与的意愿。所以，我们在设计裂变规则时需要考虑以下三个方面的内容，从而确保裂变活动能持续进行下去。

第一，人力成本

人力成本是指用户为了完成任务或获取奖励所需要付出的努力。在设计裂变规则时，为了降低用户的人力成本，我们不可以把邀请好友的数量设置得过高，否则用户会觉得参与的任务过于艰巨，从而产生放弃的想法。另外，用户参与活动的次数也不能过于频繁，否则会给其带来心理压力，从而降低他们的活动体验感。

第二，时间成本

时间成本是指用户参与活动所需花费的时间。我们在设置裂变规则时，尽量确保用户参与的各种任务简单化，不要设置复杂的操作流程，否

则用户没有耐心将任务进行到底，而你的裂变活动也会因为复杂冗长的流程被迫中断。

通常来讲，聪明的策划者，往往能够优化自己的活动流程，减少不必要的环节。另外，他们还会提供明确的指引和提示，帮助用户快速了解活动规则。这样用户发现参与门槛并不高，自己也能在短时间内完成，所以参与的意愿会大大提升。

第三，运作成本

运作成本是指用户在参与活动过程中需要进行的操作，包括点击、浏览、分享等。每个人都是有惰性的，"能坐着就不站着，能躺着就不坐着"这句话就体现了很多人的本性。所以，我们在设计裂变规则时不能悖逆人性，要设计出简洁明了的操作界面，从而方便用户快速上手。同时也要提供多样化的参与方式，以满足不同用户的需求。本着简便易行的操作原则进行设计，才能更好地降低用户的运作成本，提高用户参与的兴趣。

以上就是我们在设计裂变规则时从用户角度出发考虑的三个方面的成本，通过合理设置规则、优化活动流程、提供简便易行的操作方式等措施，可以降低用户的参与成本，提高活动的吸引力和参与度。

在设计裂变规则时，除了用户角度以外，我们也要从自身的角度出发考虑付出的各种成本，毕竟我们的时间、金钱、人力资源是有限的。首先，我们要充分考虑自己的金钱成本，以确保自己投入的资源能够带来足够的回报。

以下是常见的几种奖励形式，这些奖励形式不仅可以帮助我们节约金钱成本，还可以更好地加深用户与品牌之间的连接，正可谓一举两得。

现金奖励：直接给予现金返利或红包，简单直接，用户容易接受。

积分奖励：用户通过邀请好友、购买产品等行为获得积分，积分可以用于兑换商品、优惠券或抵扣现金。

实物奖励：提供实物奖品，如优惠券、礼品卡、品牌周边等，增强用户的参与感和满意度。

会员特权：给予用户高级会员资格，享受更多特权和服务，如免费配送、优先购买权等。

折扣优惠：为积极参与分销的用户提供额外的折扣，增加他们的购买意愿。

其次，我们还需要考虑自己的人力成本和时间成本。如进群欢迎语等固定话术的发送、裂变海报的群发、转化数据的统计等，需要考虑的事情非常多，我们应该尽量精简流程，并选择合适的运营工具，降低自己的人力成本和时间成本，这样裂变效率才能更高一些。

🧑‍🤝‍🧑 制定裂变规则，切勿踩法律的红线

裂变作为一种低成本、高效率的营销策略，在商业领域引起了广泛的关注和重视。然而，关于某些裂变模式的合法性经常引起人们的质疑。另外，在网上输入相关的关键词，裂变违法的案例更是不胜枚举。为了避

免踩到法律的红线,我们在制定裂变规则的过程中要注意以下几个方面的内容。

第一,传销性质的裂变坚决杜绝

曾经有一个名为"女王幻幻"的软件就因为组织策划有传销性质的裂变被罚款9.8万元。那么它的裂变规则不妥之处在哪里呢?据信用中国(广东广州)报道:该App在推广的过程中,存在明显上下线层级关系。新用户注册后只能在该App上浏览商品并购买正常价格的商品;若要获得随机免单、推荐有奖以及团队计酬的资格,必须在个人信息页面录入其推荐人C的推荐码,并在App上指定板块成功购买任意金额的商品,方可升级成为"代理"级别的会员,获得上述团队计酬的资格。用户D、用户C根据推荐码确定上下线关系并据此推荐关系进行团队计酬。

此外,它的会员晋升模式也存在问题。它的会员分为"代理"和"BOSS"两个级别;"代理"级别的资格通过在App指定板块成功购买任意金额的商品获得;"代理"级别的会员成功推荐5名"代理"级别的会员可晋升为"BOSS"级别的会员。在级别为"BOSS"的675人中,推荐会员人数在5人以上的共有465人。

最后就是它的奖励模式。该App向参与用户发放的奖励资金来源于参与人员按商城销售价购买商品所支付的费用,每当下线人员在App购物成功后,这家公司会依据购买商品类型、上下线关系、层级关系等,将奖励分配给上线各层人员,奖励金额通过商城用户界面展现,上线人员可申请提现,也可直接在商城用余额购买产品。

这些裂变规则违反了《禁止传销条例》的相关法律法规，已严重破坏经济市场的正常运行，故而对其做出处罚。这个案例告诉我们，在设计裂变规则的时候切勿设计过多的层级，否则很容易形成金字塔式的传销结构。另外，裂变模式要想获取收益需通过销售真实产品或服务，而不能依赖于新成员的招募，如果一味依靠发展下线赚钱，那就走向了违法的边缘。

第二，要保护用户的隐私

在裂变过程中，如果未经用户明确同意就收集和使用其个人信息，如手机号码、微信号等，会违反《中华人民共和国个人信息保护法》等相关法律法规。曾经有一款名为"啫喱"的App就因为爆出擅自使用用户微信号、QQ号等隐私信息的负面新闻被下架了。事后尽管"啫喱"App的产品经理否认了这些指控，并表示已经采取法律行动，但这些传闻仍在多个平台传播，引发用户担忧。

这个案例告诉我们：在设置裂变规则时，要尊重用户的隐私，不当收集、使用或泄露个人信息无异于饮鸩止渴。另外，更不可以以强制授权和过度索权的方式收集用户的个人信息，包括设备信息、手机号码、密码、用户日志等，否则裂变营销活动就得不到长远的维持。

第三，不可夸大产品和服务的效果

《中华人民共和国反不正当竞争法》和《中华人民共和国消费者权益保护法》规定，裂变营销不得宣传虚假信息，夸大产品或服务的效果，误导消费者。我们在策划裂变方案的时候一定要注意这一些。盐城网警就曾

经接到网民举报：该地多个社交软件群聊中出现点击分享领取"千元复工补贴"等大量虚假链接。据用户反映，该裂变活动不仅内容虚假，而且点击链接后无法返回正常使用界面，还不断跳转出各类广告。警察核实信息以后，这个依靠"裂变"牟取暴利的不法团队被依法依规处置了。

真诚才是取胜的不二法则。任何依靠虚假宣传或者误导性信息制造出来的一时繁荣注定无法走得长远。所以，我们在裂变的过程中切勿为了吸引更多用户参与而做一些虚假的用户评论、销售数据等，否则害人害己，得不偿失。

第四，遵守公平竞争的原则

有些商家为了抢占市场份额，在裂变的时候不择手段，比如，垄断、限制竞争对手、恶意抹黑等，这样严重破坏了市场的公平竞争秩序，也会面临法律的制裁。例如，某食品品牌的商家为了扩大自身影响力，制定了一系列的裂变活动，但在活动期间恶意贬低竞争对手，给竞争对手抹黑，以此凸显自身的优越性，这样就严重违反了公平竞争的原则。

当然，在设置裂变规则时，除了要注意上面提到的这些要点之外，还要遵守平台的相关规定和政策。如果违反了这些规定，也可能导致活动被禁止或受到处罚。

第五章
一图胜千言，好的裂变海报让你精准捕获客源

设计裂变海报之前，做好这四项用户调研

中国有句俗语："晴带雨伞，饱带干粮。"凡事提前做好各种准备，是一种高级的生活智慧。我们在裂变营销时也不例外。在设计海报之前，我们需要事先做好用户的调研工作，这样设计出来的海报才能有的放矢，从而使其发挥最大的价值。倘若缺少这一步骤，那么设计出来的内容对于用户而言很有可能毫无吸引力，因此裂变活动也会以惨败收场。

所以，在设计海报之前，要做好以下四项用户调研工作。

第一，构建好目标用户的画像

目标用户的画像包括以下几个方面的内容。

（1）基本信息：目标用户的年龄、性别、地域、职业等基本信息。掌握了用户的这些基本信息，可以帮助我们确定海报的设计风格和内容方向。比如，对于青春洋溢的年轻客户，我们的海报风格应该设计得活泼明快一点；对于高端的男士消费群体，我们的海报风格应该设计得高端典雅一点。另外，对于不同的消费群体，需要设计不同的内容，这样才能使海报更具吸引力。

（2）兴趣偏好：分析目标用户的兴趣爱好、消费习惯以及社交媒体使用习惯，然后根据他们的兴趣偏好，在海报中融入他们感兴趣的元素。比如，某 PPT 技能训练营的裂变海报上写着这样的字样："10 000+ 小时 PPT 制作经验""1 分钟学会 1 个技巧""10 倍提升你的制作效率"。该海报针对的是那些上班族，而上班族有一个共同的特点，那便是生活忙碌，空余时间少，做事喜欢追求效率。针对他们这一偏好，海报故意设置了"1 分钟学会 1 个技巧""10 倍提升""10 000+ 小时"的字样，强调了训练内容的实用性和高效性，同时也凸显了用户的获得感。这样的设计很容易吸引目标用户的青睐，值得大家学习借鉴。

第二，竞品分析

俗话说，知己知彼才能百战不殆。我们在设计海报之前一定要研究竞争对手的裂变海报设计风格，了解哪些元素或风格更受欢迎，这样才能取其之长，补己之短。另外，用户对竞品海报的反馈，对我们尤为重要，我们要借鉴其优秀的部分，优化调整自己的方案。

当然，我们在借鉴完竞品海报之后，还要思考一个问题：我的裂变海报如何设计才能独树一帜，避免同质化。那么怎么才能做到这一点呢？我们不妨思考一下自己海报的传播渠道、分享机制以及激励机制有没有创新之处，海报的图片要不要加入一些独特的元素等。最后大家会发现，富有创意的海报才更容易吸引眼球，更容易获得理想的传播效果。

第三，用户需求调研

用户需求是海报设计之前调研的关键因素。我们只有识别目标用户在当前阶段的需求和痛点，才能确保海报能够解决他们的实际问题或满足他们的期望。

例如，某个读书软件策划了一个名为"有书共读"的活动，在其活动的裂变海报上有这样一句文案："作业五分钟、游戏两小时，这样的孩子怎么改变？立即加入有书共读计划，把读书的愿望变成具体的行动。"这句文案就很好地戳中了用户的痛点和需求——孩子惰性大，诱惑多，很难完成读书的任务。而这句文案也很好地为用户的惰性找到了解决问题的办法，所以很容易激发用户参与的决心。

了解了用户需求的重要性之后，我们接下来要做的便是围绕用户需求展开调研。通常来讲，关于用户需求的调研可以围绕以下三个方式展开。

（1）问卷调查。通过在线问卷或线下调查的方式，直接收集目标用户对裂变海报的看法和期望，包括设计风格、内容偏好、分享意愿等。这种方式直接明了，且效率很高。

（2）用户行为分析。与问卷调查相比，这种方式比较含蓄麻烦。具体来说，就是通过数据分析工具，观察用户在社交媒体上的行为模式，了解哪些类型的海报更容易引起他们的注意和分享。

（3）访谈交流。访谈交流是了解用户的一大利器。所以，在探寻用户的需求时，我们也可以对他们展开深度访谈，以此了解他们对海报的期望和潜在需求，以及他们在分享海报时的动机和障碍。

第四，测试与验证

各种调研活动结束之后，我们便可以初步设计海报原型，设计完毕，审核通过之后需要对用户进行小范围测试。用户测试也是调研的重要一环，这样做的目的是收集用户的反馈和意见，以便海报在正式传播之前得到极大程度的优化和调整。通过各种测试数据的分析，我们便可以预估出海报的吸引力、传播效果和转化率等指标。

总而言之，为了确保裂变海报能够有效吸引用户并激发他们的分享欲望，事先进行充分的用户调研是很有必要的。大家在调研的过程中可以参考以上方法和步骤，相信最后你会得到一个准确且满意的调查结果。

 **掌握用户心理判断四要素，助你玩转裂变海报**

如今微信生态已经非常成熟了，翻开朋友圈，或者点开社群，随处都可以看见各种裂变海报。有些海报设计得非常成功，达到了霸屏级的程度，而有些海报却无人问津，独自躲在某个角落，直到时间的河流彻底将它淹没。

那么同样是裂变海报，为什么差距这么大呢？其实一张海报受不受欢迎，很大程度上取决于策划者是否能准确判断用户的心理。通常来讲，越迎合用户心理的海报，越容易受到用户的转载。本节我们围绕用户心理判断四要素展开阐述，以此帮助你玩转海报裂变。

第一，审美判断

在生活中，我们常常听到这样一句话：颜值即正义。这句话虽然听起来有些肤浅，但它是大部分人判断人和事情的一个标准。大家总是喜欢和那些颜值高的人接触，也忍不住对那些好看的东西多看两眼。这是人的本性使然，无关对错。

所以，明白了这个道理之后，我们就要在海报的颜值上下功夫，一张好看的海报，用户会忍不住点开放大，反复品味揣摩，甚至转发分享。而一张品相一般的海报则无法勾起用户关注的欲望，更加无法让他们为你的裂变活动发挥作用。

了解了用户的这一心理评判标准之后，我们在设计海报时就要尽力迎合用户的审美。海报只有符合用户的审美需求，才能激发他们转发的欲望。

第二，事实判断

用户在转发海报之前，除了看它的颜值外，还要考察它的内容。他们会思考：这个奖励是真实有效的吗？他们的产品真的能达到那么理想的效果吗？他们的文案里有没有不符合我认知的地方？

当得到的所有答案都是"yes"，他们接下来才肯思考是否会转发分享。反之，如果他们对你的文案信息持各种怀疑态度，那么后续的裂变活

动无疑是痴人说梦。

了解了用户的这一心理特征之后，我们接下来要做的便是用名人、权威机构、知名 IP、著名品牌等为自己的内容背书，这样才能赢得用户的信任，获得用户的支持和转发。

第三，功利判断

用户的功利心也比较重，他们通常在转发裂变信息之前还会评估一下自己为了获得这个奖品（实物或者课程资料包）发布朋友圈值不值得。他们会暗自衡量"诱饵"的价值，当"诱饵"的吸引力大于转发的心理门槛时，他们才愿意产生转发分享的冲动。了解了用户的这一心理特征之后，我们就要好好设置"诱饵"，以确保用户的物质收益大于其行动成本。

第四，价值判断

有些裂变策划者总觉得只要有利益牵引，用户就会毫不犹豫地参与其中。事实证明，用户的心理还是非常复杂的，他们有时候不可能单纯为了一点小便宜就到处转发分享，他们会想：这个我应该发布吗？这符合我的人设吗？我转发了别人会不会觉得我在贪小便宜？

他们有自己的价值判断，所以策划者要想突破用户的这些心理障碍，还需要给其营造一个维持人设的分享理由。比如，你可以在裂变文案上写这样一段话："世界从不平等，你有多努力，就有多特殊。"以此维持用户努力向上的人设。

在设计裂变海报时，揣摩用户的心理至关重要。我们只有把他们的心理评判标准掌握透彻，才能设计出裂变效果更好的海报，否则就算你废寝忘食，竭尽全力，用户也不会为你辛苦设计出来的海报买单的。

👥 设计爆款裂变海报，不可忽略这八大黄金元素

你知道一张小小的裂变海报究竟有怎样的威力吗？深圳某教育连锁机构曾经利用一张海报就裂变出 20 000 以上的粉丝。这样好的数据意味着这家教育机构后期会有源源不断的收益。爆款海报的收益虽然可观，不过设计起来却一点也不容易。

通常来讲，我们若是想设计出一张爆款裂变海报，那么一定离不开以下八大黄金元素。

第一，主标题

裂变海报的主标题通常位于海报的上方，左右均可，字体要尽可能大，以确保其主导地位。另外，为了博人眼球，主标题的颜色最好选择亮色，不过我们也不能为了使主标题显眼，就选择与整个海报主色调不相协调的颜色，否则用户看起来会显得别扭。

除了主标题的字体和颜色以外，其内容也非常讲究。通常来讲，主标题的作用就是点明主题，快速向用户传递最有用的信息。如"首席增长官进化营流量转化课"点明了活动的主题，让读者一下子就抓住了重点。最后大家需要注意的是，主标题的排版也非常关键，如果你的标题字数略

多，那么就要考虑居中排版，这样用户才能有好的视觉效果。

第二，副标题

副标题通常位于主标题下方，它的作用就是辅助或描述主标题的内容，提供更多的细节或解释，是商品的二级卖点。比如"如何花 1 块赚 10 块？转化率，是一门可以掌握的科学"。作为流量转化课的副标题，它一下就戳中了用户的痛点，为用户提供了一个购买的理由。最后提醒大家，副标题无论是字体还是颜色最好和主标题区分开来，这样便于用户区分两个层次的信息。

第三，主讲人或 KOL 形象

如果海报涉及课程或讲座等，可以展示主讲人或 KOL 的头衔，以此提升活动的专业性和可信度。我们还以刚刚的那个流量转化课的裂变海报做案例分析，那张海报的主讲人写的是陈勇。在这个名字的旁边还有一系列厉害的头衔："互联网转化第一人""3 个月，南孚充电宝 13 倍天猫增长""80 万元市场费用，成立 4 个月初创公司，单月 2.17 亿元营业""真朴教育儿童围棋业务网络营销 ROI 高达 102"。这些厉害的数据都在向人们传递一个信息：这个主讲人经验非常丰富，专业度足够强，选择这样的主讲人做老师，你一定会收获满满。

第四，主讲人照片

之所以要放主讲人的照片，主要是让大家感觉这个活动真实可靠，那些很牛的头衔也不是凭空捏造出来的，而是真实存在的。另外把主讲人的照片放在上面更容易吸引用户的目光。不过在挑选照片的时候，大家尽量选择那些主讲人着装正式的照片，这样才能给人一种很专业、很权威的感觉。

第五，课纲/亮点

这一块主要是为了展示产品的亮点和卖点，给客户一种很值的感觉。我们还以上面那个流量转化课的裂变海报举例，它的课程大纲是这样写的：

这堂课解决你两大难题：

（1）如何搭建高效付费流量体系？工具：3大流量体+2类红利小流量，付费流量是最好规模化的流量。

（2）如何提高页面和整体转化率？工具：6大下单武器+2套转化模型花1块，是赚2块还是赚5块。

这个文案表述中用了很多的数字，很好地凸显了课程的使用价值，成功激发了用户的购买欲望。

第六，信任背书

我们在看电视广告的时候，经常听到这样的广告词："鲁花5S压榨花生油，荣获国家科技进步奖。"这里它之所以提国家科技进步奖，就是想用这样一个权威的奖项给自己做信任背书。这样在凸显自己的专业度的同时可以更好地博得用户的信赖。同样的道理，我们在做裂变营销的时候，也需要在裂变海报上加一个知名合作平台，或者知名品牌、企业、组织、明星、KOL等为自己的活动背书，这样可以提升目标用户的信任感，降低用户参与活动的决策成本。

第七，限时福利

这是一种通过设置时间限制来激发消费者购买欲望的营销手段。我们知道用户通常都有一种损失厌恶心理，所以我们可以用紧迫性和稀缺性来调动他的这种心理，进而激发其转发或者购买的行动。例如，"分享三人得 20 元优惠券，优惠券的使用期限为一周""限量 200 份，原价 199 元，现在 0 元包邮。长按二维码限时抢""扫码 0 元领取，限时限量 300 本，包邮到家"价格锚点加限时福利促使用户加快了购买和分享的动作，最终实现营销信息的快速扩散和销量的快速增长。

第八，二维码

上面所有的文案铺陈，只是为了最后这临门一脚。用户只需要扫描最后的二维码即可开启分享和购买模式。通常来讲，这个二维码的尺寸不能太小，也不能太大，太小用户难以扫描，太大影响美观。所以放置的时候要特别注意它的尺寸和清晰度。另外，为了加快用户扫描的步伐，我们在二维码的旁边还可以写一些号召性的用语，如"立即扫码""先到先得"等。

以上八个部分，基本涵盖了一张裂变海报的所有元素。不过在具体的设计中，我们不一定非要把这八大元素全部聚集起来使用，具体会用到哪些元素呢？这还需要根据自己的活动主题，以及自身的实际情况做决定。

刷屏级的裂变活动，都在套用这六个文案模板

海报一直是裂变传播中最核心的因素，海报设计得越成功，裂变活动的转化率就越高。本节我们为大家安利六个好的文案模板，以此帮助大家更好地写出海报裂变文案。

第一，痛点型文案

根据马斯洛需求层次理论，我们每个人都有以下几个层次的需要。

（1）生理需要：这是人对食物、水分、空气、睡眠等基本生存条件的需要。

（2）安全需要：包括受保护和免遭威胁从而获得安全感的需要。

（3）归属和爱的需要：被他人接纳、关心的需求。

（4）尊重的需要：涵盖了自尊和受别人尊重两个方面。

（5）求知的需要：表现为对自身和周围世界的探索与理解。

（6）审美的需要：对于美好事物的欣赏和追求。

（7）自我实现的需要：指创造和实现个人价值。

一个人一旦有需求就会有痛点，有痛点裂变活动就有了突破口。很多裂变策划者喜欢从这个角度出发写一些痛点型裂变文案。比如，樊登读书卡的裂变文案是这样写的：

你买了很多书，但是常常没有时间读，打扫卫生时才发现书壳落了很多灰。看了一本书，常常读完就忘记，完全不知道这本书的重点在哪里。阅读速度超级慢，年终回顾时，才发现没读几本书。

如果你想提升自己，推荐购买樊登读书卡会员，它能让你用手机听书，30分钟的内容，1.5倍速20分钟，在上下班路上，在吃饭排队的时候，一天就听完一本书。

今天"双十一"做活动，买一送一，365元的年卡，买一年送一年，一年带你读50本书，限20个名额。

这个文案猛戳用户的痛点：生活和工作挤占了用户的大部分时间，因此用户无暇读书，白白浪费了那么多图书资源。当用户为了现状懊恼不已时，它适时送上了解决问题的办法：购买樊登读书卡会员，利用碎片化时间获取知识。这剂针对病灶的猛药效果非常显著，很多人一看这个办法能解决自身的困扰，于是毫不犹豫地选择分享和购买。

我们在创作这类痛点型文案时，需要先了解目标用户，分析他们未被满足的需求是什么，这样才能有针对性地列举产品优势，找到符合用户需求的卖点，一针见血地击中用户的心。

当然，如果你在构思文案的时候毫无头绪，那么可以在搜索栏里先输入"关键词+文案"，先向别人取取经，从他们的文案中快速了解一个行业的真实痛点，这样可以起到事半功倍的效果。

第二，热点型文案

热点人物或者事件是吸引用户眼球的利器，因此，作为一个策划者应该时刻关注当下比较热门的事件，然后在文案中添加热门元素，这样就能快速吸引到用户的注意力。

写热点型文案可按照这个步骤进行：先分析产品的优势、特点、价值等，接着上网搜索相关的热点话题。这个热点可以是特殊节日，也可以是热门事件和热门人物，然后找到产品和热点的共同点，并为它们建立起连接，最后创作出热点型文案。

在整个创作的过程中，一定要讲究效率。因为热点是有时效性的，如果过了某个时间段，热点的关注度就直线下降，这个时候如果你再把旧的热点话题摆上来意义就不大了。另外，我们在借助热点事件创作文案时，最好把那些负面热点或者有争议的热点排除在外，否则裂变文案很容易遭到反噬。

第三，情怀型文案

每个人都有情感需求，很容易被有情怀的话语打动，所以情怀型文案还是很有杀伤力的，利用这种风格的文案做裂变效果自然不会差。

我们在撰写这类文案时，首先要分析产品特点，这里的特点不仅包括产品表面的特质，更重要的是挖掘其情感价值。接着要根据用户的经历、生长环境等因素，找寻目标用户的共同特点。最后再找到产品和用户的联系。另外，为了让文案更有可看度和吸引力，我们需要为产品塑造一个故事内核，这样用户才能产生共鸣，才能对产品产生情感链接，才能马上行动参与裂变。

第四，痛点型文案

如今放眼望去，满屏的焦虑。比如，"你的孩子还输在起跑线上吗？别人家的孩子已经掌握了多种才艺，你的孩子还在沉迷于游戏？再不重视教育，你的孩子将永远无法超越！"再如，"你还在为升职加薪无望而苦恼吗？同事都已经晋升到管理层，你还在原地踏步？再不努力，你将被时代淘汰！"这是大部分商家最常见的裂变套路。他们先找到用户的痛点，接着给其推出解决痛点的方案，以此引导用户关注传播。这个裂变套路效果很明显，用户为了获得内心的安宁，往往会不自觉地钻进商家设好的"套子"里。

作为一个营销者，我们在写裂变文案时也可借鉴一二。具体来说，可以从三个方面入手：一是在文案中创造各种优越场景，以此制造用户心中的落差感，最终促使其做出积极的改变；二是利用用户的厌损心理。每个用户都有厌恶损失的心理，用一句话概括就是"你失去某件东西时的痛苦，要远远大于你得到这件东西时的快乐。"我们可以利用用户的这种心理给他制造痛点。三是让用户与参照群体做对比，以此激发他的痛点。

以上三种方式都可以让营销者利用人们的恐惧、担忧和不确定性来制造紧张氛围，从而引发广泛的传播和讨论。

第五，趣味性文案

趣味性裂变文案是指策划者结合目标客户的兴趣点，以幽默、创意的方式呈现信息，从而激发用户的分享欲望，最终达到裂变传播的效果。

要想撰写出趣味文案，我们可以多用一些有新意的词汇，或者换个新颖的表达方式，或者在文案里加入一些冷知识，这些能打破人们的常规认知，吸引用户的注意力，提高裂变的转化率。

第六，权威性文案

在文案里加入一些权威的奖项，权威的认证机构，或者真实的数据等，可以增强文案的权威性。权威的文案可以获得用户的信任，增加裂变的转化率，提升裂变的效果。

以上就是常见的几种裂变文案类型，大家在写作的时候可以做一个参考，这样可以更好地达到裂变传播的效果。

安利两个常用的裂变海报模板

裂变海报是营销和推广中常用的工具，好的海报可以吸引用户关注、激发其参与兴趣，并促进信息的裂变传播。本节我们为大家介绍三个常用的裂变海报模板，希望大家在看完这些海报模板之后有所启发，从而能创作出更多有新意的裂变海报。

第一，人物讲课类型的海报

这类裂变海报非常常见，它通常出现在讲知识课程的营销裂变活动中。设计这类海报的目的就是吸引潜在听众或学员关注并参与课程或讲座。这类海报通常由"主标题+副标题+人物照片+人物介绍+产品概述+行为层"组成。

（1）主标题。在前面的内容中，我们也讲过主标题必须简洁明了，让用户一看就知道这次活动的主题是什么。另外，主标题最好写得新奇一点，或者戳中用户的痛点，这样才能吸引大家的注意力。例如，新世相有一张裂变海报，它的主标题是这样写的"新世相第一堂课，让好人都富起来"，这个文案写得就很有意思：读了这个标题之后，人们立即就会明白这张海报的主题是教人怎么变富裕。另外成为富裕之人，实现财务自由是每个人的梦想，所以"富起来"这三个关键词精准地戳中了大家的软肋，很容易引起人们的阅读兴趣。而且标题自动给用户打上一个"好人"的标签，也很容易博得用户的好感。

（2）副标题。副标题是对主标题的补充说明，目的是进一步吸引用户。例如，某培训机构的一张裂变文案，主标题是"两天一夜就能 get 新零售新玩法"，副标题则是"顶配大神级讲师带你解锁新零售运营全套秘籍"。前者和后者相互关联，但是后者又给大家补充了一个新的信息，意在告诉大家这套新零售运营课程是由"顶配大神级讲师"亲自授课的，因此专业性毋庸置疑。副标题这样写可以极大地增强用户的信任感。

（3）人物照片＋人物介绍。在人物讲课类型的裂变海报中，我们需要将主讲人的照片、姓名和职位放置在海报的显著位置，以突出其权威性和专业性。另外，在旁边还要添加主讲人的背景介绍、荣誉成就或过往成功案例，以增强用户的信任感。我们还以新世相的那张裂变海报为例，该海报上的主讲人是刘惠璞，而在这个名字旁边还有"前世纪佳缘，某聚美优品副总裁""他用 6 年时间，从普通打工者到上市公司副总裁"的字样，这些身份背景的介绍就是为了彰显主讲人的权威性。

当然，这个板块可以根据自身的实际情况灵活调整。如果讲师的身份不权威，没有知名度，也没有什么亮眼的经历，那么可以把它的篇幅缩小一点，甚至可以省略。节省下来的篇幅可以多写一些产品的卖点，这样也能更好地打动消费群体。

（4）产品概述。这一部分要列出课程的独特卖点或亮点，如实用的技巧、前沿的知识、丰富的实践经验等。这一部分的文案要使用吸引人的词汇和表述方式，目的是激发听众的参与兴趣。我们还以前面那个新零售的裂变海报为例，它的产品概述部分一共提炼了8个要点，具体内容表现如下。

①定位：1张画布，6个定位问题，教你精准把握店铺调性。

②搭建：1套方法，5个操作角度，教你轻松搭建优质店铺。

③增粉：1套逻辑，1个发展规律，教你强势裂变火爆增粉。

④转化：1个矩阵，3个成交闭环，教你快速提高销售转化。

⑤成交：1款爆品，1个高质文案，教你有效提升单客销量。

⑥复购：1个案例，3个核心要点，教你get月销3000万法门。

⑦答疑：4个讲师，1场老中医坐诊，专治新零售运营疑难杂症。

⑧交流：1个平台，N方顶级资源，优质产品和超级流量自由碰撞。

首先，从结构来说，这段文案看起来非常整齐有序，给人一种很愉悦的观感；其次，文案多处用了数据，这些数据可以客观、真实地为用户提供具体、可量化的信息，从而使用户更能确切地感受到课程内容干货满

满，获得感爆棚；最后，这段文案也体现了很多个卖点，可以很好地满足用户的需求和期望，从而加快其参与的进程。

（5）行为层。最后一部分就是行动引导区。这一部分有几个比较重要的信息点需要注意。一要用价格锚点给用户一种占便宜的心理，从而激发其参与的决心。二要限时限价限量，突出活动氛围，抓住用户厌恶损失的心理，刺激其加快参与的步伐。如"原价 ×× 元，1 000 个免费获取名额，扫码抢先得""前 100 名入群加赠 ×× 大礼包"。最后记得附加二维码，为用户开通参与的通道。

第二，多产品类型的海报

这类海报就是通过多个礼物 / 套餐 / 产品细节，吸引潜在用户的注意力，从而促进拉新活动。这类海报的模型基本是这样的：主标题 + 副标题 + 内容一 + 内容二 + 内容三 + 内容四 + 行为层。

关于主标题、副标题、行为层的板块我们在这里就不赘述了，只是这四部分内容一定要抛出去"诱饵"，尽可能为用户展现价值，这样他们才有更多参与的动力。

裂变海报作为营销工具中的一种，其设计往往根据目标受众、活动类型以及品牌特性等因素而有所差异。不过，不管你准备设计哪种类型的海报，都要确保海报内容吸引人、信息清晰，易于分享，且符合相关法律法规的要求。

海报裂变如何避免违规行为

对于营销者而言，最头疼的莫过于在裂变的过程中海报被判违规。你的设计团队经过数次修改，好不容易设计出较为满意的海报，可分享率一高，就会遭到微信的限流，有时裂变海报还会被封禁，导致你眼睁睁地看着流量白白流失而无能为力。那么如何能避免这种情况发生呢？本小节为大家介绍一些海报裂变防封禁技能，希望能帮助大家更顺利地完成裂变任务。

第一，设计多种海报

微信为了自身的生态安全，会设置管控措施。当它监测到一个图片在短时间内出现的频次过高，超过自己设置的安全阈值，就会将这张图片放在内部已经被封的图库里进行对比，如果相似度颇高，那么图片就会被封禁。如果内部没有相似的图片，接下来等待它的将是人工审核，审核人员会根据实际情况对其进行封禁或者限流。

所以，为了避免这些风险，鸡蛋不能放在同一个篮子里。在营销活动开始之前，我们要设计多个裂变海报，这样即便其中一个被封，那么其他的海报依旧可以发挥作用，继续进行营销裂变的任务。

第二，多设置几种域名

域名是营销裂变活动中必不可少的因素。如果域名被封，那么裂变活动也无法顺利进行下去，所以活动前多设置几个域名是非常有必要的。比如用户扫了朋友圈里发布的海报二维码，可以直接进入活动入口页面，接着用户通过入口页面，再进一步找到活动的落地页面。当用户生成海报或者分享时，还会跳转到分享页面。

通过技术手段使得每个域名对应一个活动页面，这样就会分散页面被封的风险，从而确保裂变活动顺利进行。

第三，将活动中的流量分流

当河道即将面临大量水流压力时，规划者会通过分流的形式分散水压，以防止水患的发生。同样的道理，在裂变的过程中，如果公众号或者微信号涨粉过快，粉丝量呈现"山洪"的涨势，就会被微信平台检测到，这个时候有可能会面临涨粉清零，或者封号的危机，所以在活动之前，我们需要根据初始流量大小、活动奖品诱惑力等因素预测，如果这波活动流量比较大，可以将活动中的流量分流，让多个公众号或者微信号去承接这波巨大的流量，这样会减少很多风险，也不会让你陷入全军覆没的窘境。

第四，提前预测各种风险

《朱子家训》有言："宜未雨而绸缪，毋临渴而掘井。"做任何事情之前，都要未雨绸缪，防患于未然，否则就会遭受未知风险的侵害。我们做裂变活动也不例外。在活动开始之前要预测其中的各种风险，比如域名的安全、海报的安全、活动工具的安全，以及微信营销号的安全。盘点所有可能发生的风险，然后制定各种针对性的预防措施。

例如，针对营销封号的风险，我们要提前在日常生活中做好养号工作，如给微信账号留一点余额，或者绑定饿了么、滴滴等第三方服务，让平台觉得你是一个正常的个体，有饮食与出行的消费记录，而不是有目的的营销号。

再如，在裂变的过程中，"羊毛党"有可能会趁机袭来，不断贪小便宜，薅羊毛，薅得多了会让你赔得血本无归，所以在裂变海报上设置好条件和门槛，以防止他们批量操作。另外也要建立自己的黑名单库，以防止竞争对手趁机捣乱，从而让你承担不必要的风险。

第五，合理安排好承接工作

在裂变的过程中有可能会让你的账号迎来井喷式的增长，这个时候如果你不懂如何分配人员，不懂巧妙使用工具，有可能会让用户找不到入口，或者用户过多，服务不过来，遭到大量投诉等。为了提升用户的体验感，确保裂变活动取得最理想化的效果，我们最好在活动之前就安排好承接工作，保障各个环节的人员都相互配合好。

最后提醒大家，在裂变的过程中会充满各种变数，大家要时刻紧盯着后台的数据，一旦发现异常值，就要采取事先准备的应对措施，这样才能确保裂变增长的安全路径。

第六章
巧用裂变工具，
绘制用户增长蓝图

裂变工具：从1到N，让增长触手可及

　　裂变是一项非常烦琐和复杂的工作，如果仅仅依靠人力完成，那么势必非常辛苦，而且一旦裂变产生爆炸式的传播效果，只依靠人力是根本承接不住这波巨大的流量的。所以，聪明的营销者总是喜欢借助各种裂变工具，为自己发力。下面我们为大家盘点一些常见的裂变工具，以此帮助大家高效完成裂变任务。

　　第一，用户裂变工具

　　（1）PartnerShare。PartnerShare 是国内首家针对 SaaS 产品而推出的合作伙伴关系管理平台（PRM）。借助它的联盟计划 -Affiliate Program，我们可以与有影响力的网络推广者、关键意见领袖（KOL）建立联系，让他们轻松获取推广链接并统计推广效果，灵活提取推广所得佣金。另外，PartnerShare 可以将你的"推荐计划"内嵌在产品应用端内，激活你现有的忠诚用户，不需重新登录第三方应用，即可让你的用户参与推广并赚取现金等奖励。

（2）建群宝。它可通过朋友圈转发活动海报，能打破微信群人数和时效限制，提供后台统一管理、广告拦截、快速推送消息等功能，能帮助企业实现粉丝增长。

通常来说，用户通过裂变入群后，该软件的机器人会自动给用户转发一段话术，如"××婚纱拍照活动火热进行中，39.9 元报名全场五折！拍一套送一套！领礼品我领到了！转发文字＋图片，集 18 个赞！你也能领。加微信：×××××××××××"这样可以鼓励用户参与裂变活动。

这个软件可以设置的关键词有很多，我们不仅可以在这里添加进群欢迎语，还可以添加朋友圈文案、群内回复语等。该软件还可以根据活动需求，向目标多群同时发起通知消息。每个活动支持群发 5 条消息，最多可发送至 2 000 个群。最后，该软件还设置了任务提醒和风险管控服务，我们可以在建群宝后台时刻查看目标群内所有成员信息，并且对成员进行相应的回复、拉黑的操作。

第二，公众号信息群发类工具

例如灯鹿群发宝，该软件可以帮助企业运营者在公众号上群发消息，并且它还支持多种链接跳转，支持定向发送，群发也不限次数和条数（服务号除外）。

再如，媒想到的消息宝，它不仅可以插入昵称、表情和链接，还可以关联小程序，按照标签分组粉丝，并且群发次数无上限。这款软件通过任务宝、分享宝、消息宝、渠道码等营销工具，帮助企业降低80%的营销成本，实现低成本、高效率、指数级用户增长。

第三，H5制作类工具

这类工具包括人人秀、兔展、易企秀、Epub360意派、MAKA等，运用这些工具可以在线制作专业测试题、微信邀请函、H5小游戏、视频H5、合成微信头像海报等。这些H5制作工具可以分为两大类，一是专业类，二是普通类。前者适合深度创作的玩家，后者适合新手用户。我们在选用具体的制作工具时，首先要明确自己的实际功能需求，通常来讲，普通类的制作工具基本可以满足裂变的日常所需，如果你想在原有的基础上制作出更加精良、更加富有创新性的裂变活动，那么可以在了解了H5制作原理的基础上学习一些专业类的制作软件，这样创造出来的裂变活动更能吸引用户的眼球。

第四，活码类工具

活码类工具在数字化营销和社群管理中扮演着重要角色，它们的作用是对外提供一个长期有效、固定不变的二维码、群活码、客服码。在制作这类二维码时，我们可以用草料二维码、二维工场等软件。草料二维码功能强大，适用于各种营销活动和场景，能够满足企业和个人用户的需求。二维工场支持自定义活码样式，满足用户的个性化需求。此外，还具备防伪、溯源等功能，为企业提供更为全面的营销解决方案。

另外，我们还会用到一些 GitHubPages、Wix、Go 存活码、Welink、CodeN 壳、A 壳等开源平台与链接生成工具，这些平台支持多种活码生成器和链接生成工具，可以将自然语言文本转换为 HTML 代码和链接地址。

除了上面介绍的这些裂变工具之外，我们还可以借助短信发送邀请链接或验证码，鼓励用户邀请好友注册、参与活动，实现裂变效果，还可以用 App 裂变，通过用户邀请好友下载和使用 App，并获得奖励或优惠，实现用户增长。

总之，裂变工具多种多样，它们是帮助企业和品牌实现用户增长、扩大影响力的有效手段。这些工具通过不同的机制，如奖励、分享、互动等，激励用户参与并邀请更多人加入，从而实现裂变效果。

管理工具：一键启动裂变，全程智能管理

管理工具在裂变营销中扮演着至关重要的角色。有了这些工具的助力，我们可以通过有趣的互动方式，如抽奖、发放优惠券等，鼓励用户主动分享和邀请好友参与，从而增强用户的参与度和黏性。此外，在管理工具的帮助下我们还可以将企业信息快速发送给更多的潜在用户，从而提升品牌的知名度。同时这些工具可以简化管理流程，提升工作效率，确保裂变活动成功执行等。

了解了这些工具的重要性之后，我们接下来盘点一下在裂变过程中常

用到的几种管理工具。

第一，微盛 SCRM

微盛 SCRM 是一款基于企业微信的营销和服务平台，这款软件集客户运营、营销获客、企微 SCRM、会话存档四大能力于一体，可以帮助企业建立微信生态用户生命周期管理，低成本打造私域数据经营的轻闭环。

第二，妙记多

妙记多 Mojidoc，一款集文档 Wiki、在线语音、项目管理于一体的协同工具，它能简化社交媒体管理和工作流程，提升团队工作效率。

第三，Hootsuite

Hootsuite 是一款社交媒体管理平台，它的用户数量庞大，功能丰富，可发布和计划社交媒体帖子、监控和回复社交媒体评论、跟踪和分析社交媒体活动，以及与团队成员协作等。支持多达 35 个社交媒体平台，包括 Facebook、Twitter、Instagram、LinkedIn、YouTube 等。用户可以通过一个面板轻松地发布和计划帖子，也可以设置自动发布和自动回复。

第四，腾讯文档

腾讯文档是一款可多人协作的在线文档，可同时编辑 Word、Excel 和 PPT 文档，云端实时保存，可以满足不同的业务需求。这个软件适合团队使用，能提高团队协作效率。

第五，Webot 社群助手

Webot 社群助手汇集了多项强大功能，包括关键词回复、群活码、自动拉人和自动建群等，这款软件非常适合社群管理，能够极大地简化群组管理的烦琐任务，提升用户的社交互动效率，减轻社群管理员的工作负担。

裂变的管理工具种类繁多，每种工具都有其独特的功能和适用场景，在这里我们就不一一详细描述了。企业应该根据自己的需求充分利用这些裂变管理工具，制定有效的营销策略，以实现可持续的业务增长。

海报设计工具：以智能为引领，驱动业务快速增长

中国有一句俗语：借力使力不费力。在海报设计的过程中，我们也要学会借助一些智能的海报设计工具，驱动业务快速增长。如果仅仅是依靠团队里某个人的力量去策划设计，那么很难跟竞争对手的 AI 软件抗衡。下面我们为大家介绍一些智能设计海报的工具，以此帮助大家提高设计效率。

第一，图像编辑软件

最常用的图像编辑软件有：Adobe Photoshop 和 Fotor。其中 Adobe Photoshop 是一款功能强大的图像编辑软件，在这个软件上我们可以对图像进行编辑，也可以图像合成、校色调色、特效制作、文字处理、网页制作等。这款软件虽然操作难度比较大，但是随着人工智能版 Photoshop 的开发，让原本复杂的图像编辑变得轻松愉快。而 Fotor 是一个功能强大的

在线图像编辑软件。在这个软件中，策划者可通过集成人工智能驱动的工具来自动执行复杂的编辑任务，如提高照片质量、删除不需要的对象以及从文本描述中生成艺术而脱颖而出。此外，它还提供了各种创意选项，比如，通过人工智能添加或替换照片中的对象。

第二，在线设计平台

常见的在线设计平台包括 PosterMyWall、即时设计、人人秀、稿定设计、图怪兽、Desygner、Design Wizard、Visme 等。在这些平台上，我们可以找到丰富的、免费的海报模板，如果你没有灵感可以直接照搬。不管你想要什么主题，什么行业的海报，在这里都可以找到参考模板。比如，即时设计上有活动海报、音乐海报、营销海报等；人人秀覆盖节日节气海报、活动宣传物料等，微信公众号封面图、邀请函、简历、电子名片等；图怪兽的海报模板更是数不胜数，无论你是想要插画模板、漫画海报、剪纸风海报，还是 ins 风海报、特效海报、涂鸦摄影海报、拼贴海报、光效海报、孟菲斯风海报，在这里都可以找到。

当然，如果你有自己的想法，还可以在这些平台上进行创新编辑，比如 PosterMyWall 可提供多种文学艺术效果和特殊效果，如阴影、渐变、描边等，让用户可以为海报中的文字添加个性化的风格和效果。稿定设计还支持多人协作，大家在这上面可以智能抠图，或者使用在线修图工具，而且这上面的操作要比 PhotoShop 简单得多。Visme 支持动画和数据可视化，可以增强信息的传递，能让海报设计更加生动有趣。

当然，除了上面介绍的这些软件之外，我们还可以使用美图秀秀、

WPS、海报设计室这些常规的设计工具。这些工具各有优势，我们在营销裂变的时候可根据自己的需求和技能水平选择合适的工具进行海报设计。

数据分析工具：以数据为驱动，共创增长新高度

在裂变营销中，数据分析工具扮演着至关重要的角色，如果没有这些数据工具做辅助，那么我们就无法检测到裂变活动的各项数据指标，比如邀请人数、参与人数、转化率等，也无法判断自己的裂变活动效果是否达到预期的目标，更加无法根据评估结果及时调整裂变规则和奖励机制，优化活动方案。

本节我们为大家盘点一下裂变活动中常用的几种数据分析工具，以此帮助大家深入了解用户行为、优化营销策略，并提升营销效果。

第一，神策数据

这是一个专业的数据分析工具。有了它，我们可以完成数据采集、数据储存、数据治理、数据分析、用户画像与标签管理、智能推荐系统、广告效果监测分析等。利用这款软件，我们可以优化内容，进行用户行为分析，为裂变活动提供有力的数据支持。

第二，Power BI

这是一款微软推出的商业智能工具，支持多种数据源，如 Excel、SQL

Server、Oracle 等。一些活动策划者利用其提供的数据透视表、趋势分析、预测分析等强大功能，优化裂变策略，提升品牌的市场占有率。

第三，RapidMiner

这是一个功能强大的数据分析平台。它可提供丰富的功能和算法来帮助运营者从数据中发现有价值的信息，也可提供数据预处理和可视化工具，帮助运营者更好地理解和处理数据。另外，它还支持数据准备、机器学习、深度学习、文本挖掘、预测分析等多种功能，适用于裂变营销中的复杂数据分析需求。

第四，Apache Spark

Apache Spark 是一个开源的大数据处理引擎，最初由加州大学伯克利分校的 AMPLab 开发。它支持大规模数据处理和分析，具有高效、易用和可扩展性等特点。在裂变活动中，运营人员可利用它快速处理和分析大量用户数据，发现潜在的营销机会。

第五，Zoho CRM

它是专为企业用户打造的手机客户管理系统。不过这款软件不仅能进行客户信息管理、销售自动化，还可以通过 AI 助手提供销售预测、最佳时机推荐等数据分析，营销者有了它的助力可以更深入地了解客户需求和行为模式，从而制定更精准的营销策略。

裂变营销中用到的数据分析工具种类繁多，除了上面提到的这些工具以外，还有 Excel、Google Analytics、Hootsuite 等，它们均可用于数据分析。在营销实践的过程中，我们应根据自身需求和实际情况选择合适的工具。

Part 3　实操篇

实战技巧与策略分析，手把手教你打造爆款传播案例

　　裂变营销的前奏曲吹响之后，接下来就到了实操的环节。在这个环节需要掌握的策略和技巧有很多。这一部分我们从裂变流程、裂变玩法、裂变渠道三个角度出发，为大家带来一些实用的方法和策略，相信有这些实操技巧助力，可以帮助你打造出爆款传播案例。

目标力：有的放矢，确认裂变活动的目标

王阳明曾说："志不立，天下无可成之事。"一个人无论做什么事情，如果没有设立目标和志向，那么做什么都不会成功的。同样的道理，我们在设计裂变流程的时候，首先应该想到自己的裂变目标。有了目标之后，裂变流程的设计才有据可依。

通常来讲，裂变活动的目标多种多样，下面我们为大家一一盘点。

第一，用户增长

扩大用户基数是很多企业实施裂变的目标，企业这样做的目的是不断壮大其用户群体，为自身未来的发展奠定坚实的基础。用户增长目标说得具体一点，就是通过不断吸引新用户参与自己的私域流量池、提高官方账

户粉丝数量等。企业要想达成这一目标，可通过分享和邀请机制实现。

第二，品牌曝光

这个目标具体可以表述为增加品牌在网络上的曝光次数、提高品牌知名度和影响力等。而要想实现这一目标，那就需要开展裂变活动，从而让更多的潜在客户了解品牌及其产品或服务。

第三，用户活跃度提升

具体来讲，就是增加用户参与活动的频率、提高用户在平台上的互动率等。这有助于增强用户对品牌的忠诚度和黏性。为了达成这一目的，我们可以设置有趣的活动内容和激励机制。这两种举措都可以提高现有用户的参与度和活跃度。

第四，销售转化

比如，提高产品销量、增加销售额等。这是裂变活动最直接的经济效益体现。企业要想达成这一目的，可设置合适的激励措施和参与门槛，筛选出优质的目标用户，从而提升转化率，转化率高了，产品的销量自然就提升了。另外，我们在裂变过程中还可想方设法激发用户的购买欲，这样也可直接提升产品的销售量。

当然，除了上面提到的目标之外，有些企业还想通过裂变促进口碑传播，从而进一步扩大活动的影响力。总而言之，裂变的目标是多种多样的。在实际操作中，企业需要根据自身的整体战略和目标受众的特点，明确裂变活动的核心目标。核心目标不同，裂变流程也不尽相同。

另外，需要注意的是，在确认裂变活动目标时，还需要考虑目标与

企业资源的匹配度。企业的裂变目标不能设置得太高，否则企业的人力资源、财务预算、技术支持等有可能跟不上。当然目标也不能设置得太低，否则会造成资源浪费。

确立了裂变目标之后，我们接下来就需要根据目标制定裂变活动流程，并积极执行。在执行的过程中，我们还可以根据监测到的活动数据，如用户参与度、转化率等，及时调整活动策略和目标。灵活地调整裂变目标有助于确保活动能够按照预期方向进行，并最大化地实现目标效果。

吸引力：吸引用户眼球，引导其关注分享

如今在朋友圈，同质化的裂变文案充斥着我们的眼球，大家对于这些活动已经见怪不怪了，所以要想让他们积极参与，已经是一件很难的事情了。那么如何在这种情况下找到突破点呢？下面我们从以下几个角度出发，在裂变流程中设置亮点，这样才能吸引用户关注和分享。

第一，海报文案要博眼球

文案要想写得有吸引力，首先要简洁明了，不要有过多的赘述，否则用户没有看下去的耐心。其次，还要从用户的心理出发，找到突破口。下面我们将从恐惧、获得、求快3个用户心理角度详细解析一下，点击率高、转化率高的裂变海报文案到底是如何利用并满足用户心理的。

（1）恐惧

前面我们也说过，每个人都有自己的需求和痛点。我们若是能在裂变文案中戳中用户的需求，给他们制造一定的焦虑感和痛点，那么他们很快就能被你的文案所吸引，并且在这些负面情绪的驱动下选择你递过来的解决办法。

我们以公众号界的领头羊有书为例，它曾经凭借着恐惧型文案成功收获了大量粉丝。"你有多久没有读完一本书了？"这句话成功唤醒了用户长期不读书的恐惧，唤起了他们的危机意识和紧张心理，于是他们迫切地想要通过加入有书读书的行动计划来缓解内心的不适，这样有书共读就很快达成了裂变的效果。

另外，还有一个名叫恶魔奶爸的账号，其裂变文案也是沿用了恐惧套路："你有多久没有好好学英语了？"在 4 天时间涨了 10 万以上的粉丝。由此可见，这个文案套路的威力究竟有多大。

利用恐惧感吸睛固然是一个很好的办法，但使用的时候还是要把握好分寸。你所制造的恐惧感不能太强，也不能太弱。太强容易引起用户的强烈不适，裂变效果反而会适得其反；太弱犹如隔靴搔痒，根本无法拨动用户的心弦，所以也不会有好的裂变效果，只有适度的恐惧感才最吸引用户的注意。

另外，你所描述的恐惧的事情一定是用户当下发生的事情，否则不会让他产生焦虑的情绪。最后，用恐惧感挑动用户的敏感神经之后，紧接着要给它提供有说服力的解决办法，这样海报的转化率才会得到保障。

（2）获得

人们都喜欢实实在在的利益和好处，这个好处可以是生理层面的，也可以是心理层面的，还可以是财富层面的。所以，裂变海报的文案一定要给用户制造一种获得感，这样他们才愿意把视线停留在你的海报上。

例如，某培训机构的裂变文案包括以下内容："免费领取《高中作文万能素材》实体书""164 个经典人物、55 个万能典故、316 个素材运用、380 个适用话题""古今中外、层次分明、条理清晰、高效备考""包邮到家"。这些关键词都在向用户传递一个信息：你参与这个裂变活动非常划算，成功参与后可以获得这么多的好处。于是在利益的驱动下大家纷纷驻足观看，认真思忖，接着点击关注，转发分享。

（3）求快

这是一个信息爆炸的时代，人们的心态也在快节奏生活的影响下变得急于求成，每个人都在努力寻找成功的捷径，希望短时间内就能掌握某项技能。在这种情况下，写一些速成类的裂变文案很容易博得用户的关注和好感。比如，"口才速成班，七天让你成为说话高手""掌握七项核心技能，15 天成为摄影达人"等。这些话术都迎合了人们的求快心理，因此也大受欢迎。

当然，我们在写此类文案时，除了可以强调时间短之外，还可以强调学习量少，比如"每天 5 分钟，说一口流利普通话"，这样也不会给用户带来心理压力，从而降低了他们的决策难度，提升了他们参与的兴趣。另外，写这类文案要多使用数字，比如：

普通人成为演说家的 52 种"核武器"

52 节视频课程

52 节微信社群音频课程

52 次作业专业导师一对一辅导

365 天全年陪伴

这些数字自身带有很大的冲击力，可以直观地为用户展现产品的价值，所以可以大大提升用户的关注度。

第二，设置有趣的任务或挑战

在裂变的过程中多设计一些趣味性强或互动性强的任务，这样用户在好奇心的驱使下也愿意参与其中。以"美食天堂"餐厅为例，这家餐厅的老板为了提升客户的活跃度，设计了一个有趣的裂变活动，活动邀请所有的顾客分享他们最喜欢的菜肴的照片和理由，然后邀请他们的朋友参与投票。顾客参与该活动可获得一定的积分，而积分又可以用来兑换美食或者获得特别优惠。最后餐厅通过设计有趣的裂变任务和有吸引力的奖励机制，吸引了更多的顾客，生意也因此变得更加火爆。

第三，设置便捷的操作流程

如果我们把裂变流程设置得过于复杂烦琐，那就会加大用户参与的难度，这样他们的目光根本不会多做停留，注意力直接就被其他事物转移了。所以，确保裂变流程简单、直观，易于用户理解和操作，也是吸引用户注意力的关键所在。

最后我们还可以根据用户的需求和偏好，提供个性化的内容和体验，

这样也可以设计出既有吸引力又易于传播的裂变流程，从而有效地吸引和增强用户参与度。

传播力：多管齐下，让裂变活动病毒式传播

一场裂变活动成功与否，很大程度上看其传播力。传播力越大，它辐射的人群就越广，新增的用户就越多，消费潜力就越大。那么作为一个策划者，我们应该怎么设计裂变流程，才能使活动得到最大范围的传播呢？以下是几个实用的建议。

第一，设计超级"诱饵"

在钓鱼的时候，我们只有抛出鱼饵，鱼才会上钩。同样的道理，在裂变的时候，我们只有设计出超级"诱饵"，众多用户才能被吸引，加入裂变传播的队伍，从而形成具有高传播力的裂变活动。

那么在设计裂变流程时，我们应该怎么设计"饵料"，怎么驱动用户转发分享呢？通常来讲，超级"诱饵"有三个特点：实用、通用、成本低，实用是指它能给用户带来实实在在的好处；通用是指"诱饵"要适合大部分用户，不能选得太过于冷门；成本低则是为了节约获客成本。商家应该尽量选择那些价格低的产品作为赠品，或者也可选择无限复制的网络资料等。

另外，为了增强用户的体验感，我们在布下"诱饵"时，要突出其独

特性和价值。最后，我们还要确保"诱饵"的真实性，切勿虚假宣传，欺骗用户，否则会影响企业的信誉，失去用户的信任，从而让自己走向死胡同。

第二，优化传播渠道

如今互联网非常发达，可供营销裂变的渠道非常多。所以，我们应充分利用社交媒体，如微博、微信、博客、论坛等；微信生态，如公众号、微信群、视频号、微信企业版等；行业论坛等渠道，这些渠道聚集了很多的精准用户。我们可以通过多样化的传播方式，将活动信息传递给更多潜在用户。此外，若是还想进一步扩大传播范围，我们还可以选择与渠道方合作，共同推广裂变活动。

第三，利用技术手段

如果裂变活动仅仅是依靠人力，那么传播的范围注定是有限的，毕竟我们每个人的时间和精力是有限的。为了进一步扩大传播范围，我们需要借助一些技术手段。例如，利用数据分析工具来跟踪和分析用户行为，以便及时调整和优化活动策略，从而让裂变持续的时间更长一点；再如，利用裂变工具提升裂变效率，拓宽推广渠道。

第四，持续曝光与迭代

"拉新"成功之后并不意味着裂变活动就可以终止。我们可以在社群、朋友圈等私域流量中，每天分享不同的内容，保持和用户互动，消除用户的审美疲劳，提升用户的活跃度和参与度，这样可以让品牌获得持续的曝光。另外，我们还可根据用户反馈和数据分析结果，不断调整和优化活动策略，通过活动迭代来扩大自己的影响力。

第五，为活动增加创意元素

我们要想在一众同质化的裂变活动中脱颖而出，那么势必要加入一些富有创意的元素。具体来说，我们可以结合时下热点、用户兴趣等因素，设计具有新颖性和趣味性的裂变活动，以吸引更多用户的关注和参与。

总而言之，要想裂变活动具有传播力，"诱饵"、传播渠道、技术手段、创意等皆是关键要素。我们在设计活动流程时可多管齐下，让它们共同发力，从而促使裂变活动获得最大范围的传播。

转化力：促使用户分享，高转化率才是终极目的

裂变转化率是企业用户运营和增长战略中的关键指标，它关系到企业的长期发展和市场竞争力。所以，想方设法提高裂变的转化力是每一位策划者都应该做的事情。那么具体来说，应该从以下几个方面入手。

第一，引导话术要讲究方式方法

语言是一种交流沟通的工具，更是艺术和智慧的载体。恰如其分的话术可以促使用户做出参与的行为，提升裂变活动的转化率。下面我们以一个亲子账号的裂变活动为例，为大家详细解析话术的方法和技巧。

首先，它的欢迎语是这样写的：

欢迎来给孩子免费领取【多功能益智玩具积木学习桌】，活动还有名

额，火热进行中。

点此添加老师，完成任务后填写地址。

【领取规则】

（1）将带有您头像的海报发送到【朋友圈】或【家长群】。

（2）邀请36位家长帮您扫码，即可获得【多功能益智玩具积木学习桌】。

注意：

（1）活动真实有效，全国包邮。

（2）刷粉会被取消领奖资格哦！

点我立即领取启蒙英语课

点我立即领取启蒙英语课

专属海报生成中↓↓↓

在这段文案中，我们发现除了活动简介、活动规则、注意事项之外，它还多次添加了引导的话术，比如"点此添加老师，完成任务后填写地址"。在这里它没有将引导的话说成"点此添加老师，了解活动详情"或"添加老师，领取课程"，而是特意强调"填写地址"。这个动作对于用户来讲至关重要，免费领取、填写地址直接关系到他的切身利益，所以一定不会置之不理的。而且将"填写地址"和"添加老师"关联起来，这又大大提升了用户的转化率。

用户在添加了老师的微信后，老师也会发送一段文案和图片，文案内容是这样的：

家长你好，欢迎参加"领奖品活动"，点击下方链接，填写奖品地址。

（具体的网址链接）

助力好友务必点【助力链接进群】，否则助力无效！

请保证至少【5位】好友进群助力。

5位好友进群后，请回复我【已完成】，帮你登记发货哦。不回复默认为未完成不发货哦！

在这里把进群动作和发货关联起来，并下达了行动指令："请回复我【已完成】"，这样又大大提升了用户的进群率。

用户点进去填写奖品地址的链接，还可以看到活动常见的几个问题，比如，何时发货？为什么邀请人数不增加？快递单号如何查询？商家以一问一答的形式为大家答疑解惑。这样可以帮助用户彻底打消疑虑，从而加快其参与的进程。反之，如果没有这样的设置，那么用户很有可能顾虑重重，最后选择退出活动。

第二，通过排行榜增加用户传播的动力

排行榜作为一种激励机制，能够极大地激发用户的分享和传播欲望，从而加速裂变的进程。我们在设置排行榜机制时要明确排名的标准，让用户知道怎么做才能有一个靠前的名次。另外还要实时更新排行榜，让用户能够看到自己的进步和他人的差距，这样才能激发他竞争的欲望。而在攀比心理的作用下，用户可以为我们拉到更多的新客，而我们的裂变也会因为更多新用户的加入而实现超高的转化目标。

第三，活动后及时复盘

一场活动的裂变效果如何，我们需要通过全面复盘才能获悉。当我们评估完此次活动的浏览次数、推荐报名人数、成交金额等数据之后，便会知道裂变过程中哪些环节出现了问题，在后续就知道该如何优化裂变方案，如何筛选优质的裂变渠道。待到裂变方案优化升级之后，裂变的转化率自然也会随之升高。

裂变是一种有效的用户增长策略，裂变的转化率直接关系到企业品牌的影响力和市场渗透率，所以我们需要对它予以重视。如果大家在裂变过程中，一直未能取得理想的裂变效果，那么不妨试试上面的这几种方法，也许可以让你的活动起死回生，出现新的转机。

预知力：进行小范围测试，让裂变效果最大化

我们知道一种新药在上市之前，都要做临床测试，先在小范围试用，在确保药物的安全性和有效性之后才会大范围使用。其实做裂变活动也要有这样的风险评估意识，事先预测风险，评估收益，这样做有以下几点优势。

第一，可收集反馈

在小范围内进行测试，可以收集到目标用户或潜在用户对活动的初步反馈，这些反馈可以帮助你更加了解客户，也能让你看到裂变方案中可能存在的问题。

第二，优化活动

根据测试反馈，找到裂变活动的漏洞之后，便可对其进行调整和优

化，而优化后的裂变方案更容易获得理想的裂变效果。

第三，降低风险

策划一场裂变活动并非一件易事，有时就算我们耗时耗力设计出一个裂变方案，也有可能遭遇用户的差评，还有可能面临用户参与度低，转化率低的尴尬局面。

为了极大程度规避这种风险，我们需要对其进行小范围测试。如果测试效果好，那就接着使用，反之，如果测试效果不佳，那就及时调整优化，这样才能确保裂变活动取得理想的效果。

第四，精准定位

小范围测试除了能降低企业的风险外，还可以帮助我们更准确地了解目标用户的需求和偏好，从而调整活动策略，使其更符合目标用户的期望。

了解了裂变预测的重要性之后，我们接下来就使用以下几个测试步骤，好好地为自己的裂变方案把把关。

第一，确定测试范围

首先我们要确定哪一部分用户会成为我们测试的对象，接着我们还要确定测试的地域范围。通常来讲，测试针对的都是一些具有代表性的群体和地域，这样有利于我们得出相对客观且全面的结论。

第二，设计测试方案

我们在制订测试方案的时候，尽可能保障其全面细致。比如，测试的目的是什么，测试的内容包括哪些，测试的时间定在什么时候，测试的渠道又有哪些，这些细节问题都需要在方案中一一敲定。这样做的目的是更全面地收集反馈。

第三，实施测试

按照预定的方案，我们先向选定的用户群体发布活动信息，接着引导他们积极参与。在测试的过程中，要密切关注用户的表现，及时记录好他们参与的相关数据。

第四，分析反馈

将收集到的反馈信息按照主题、问题类型等进行分类整理，从中识别出客户关注的关键问题和需求，为下一步的优化和调整做好准备。

第五，迭代优化

根据测试反馈对裂变活动进行迭代优化，确保该活动在正式推出时能够达到最佳效果。

值得注意的是，迭代优化后的裂变方案也未必就是最优解，后续我们还需要根据市场的反馈，以及某些变量做出合理的调整。

危害力：策划裂变活动，切勿踩这十个大"坑"

在现实生活中，有很多的营销策划者看到别人依靠裂变活动赚得盆满钵满，于是也心痒难耐，跃跃欲试，试图复制出同样的辉煌战绩。但等裂变落到实处时，突然发现自己步步踩坑，最后裂变结果一塌糊涂。

下面我们就来为大家盘点一下裂变流程中常常会踩的"坑"，希望能

帮助大家更好地规避裂变的风险。

第一，设计"诱饵"时偏离目标用户

有些营销者在设置奖品"诱饵"时随心所欲，根本不思考奖品和活动目的有什么关联性，也不去想目标客户是否会喜欢这样的奖品，而是按照自己的喜好和意愿随意决定，最后转化效果自然很不理想。

例如，某潮流女装店的店长想做一场裂变活动，以老促新，从而提升一下该店的销售业绩。可这个活动的策划者设置的裂变奖品竟然是一盒价值20元的鸡蛋。

裂变活动结束后，店长发现此次活动虽然在三天时间就获得了3000多位的新客，但这些客户似乎都不是自己想要的。他吸引来的大多数是老年妇女，而这些群体对于潮流女装根本不感兴趣，所以此次活动的转化率很糟糕，另外还白白搭进去很多鸡蛋。

第二，把裂变规则设置得过于复杂

例如，某个品牌上新了一款产品，它想通过一场裂变活动吸引一批新用户，以提升新产品的知名度，同时为其打开市场销路。这场裂变活动的目标是没有任何问题的，但是策划者在设置裂变规则的时候把用户搞得晕头转向，首先他规定前5名邀请到69名好友的用户可以获得一套价值××元的×××；邀请到48名好友可以领取一套价值××元的×××；邀请到10名好友可以获得××元的门店优惠券。

这样的规则看起来非常烦琐复杂，对于数字不敏感的人看到这样一段话，会有很大的理解压力。尤其是第一个规定"前5名邀请到69名好友的用户"，这让活动奖品充满了不确定性，所以大家也不愿意多花时间和心思揣摩其中的弯弯绕绕，基本看一眼就走开了，在这种情况下，裂变效果就可想而知了。

所以，聪明的策划者懂得精简规则，降低参与的门槛，给用户一种很容易参与、很容易获奖的错觉，这样才能激发用户的积极性。

第三，海报设计没有亮点

海报设计得成功与否关系着用户的点击率，更关系着后期的经济效益。如果我们在设计的时候，思路不清晰，没有体现出亮点，无法吸引用户的眼球，那么很难获得大量的新用户。

另外，除了吸引人的亮点之外，海报的颜值也至关重要。如果我们在策划海报的时候在上面布满了密密麻麻的字，或者用了极不协调的配色，那也会影响用户的整体感官。

第四，裂变活动非常盲目

有的营销者做裂变前没有做规划，想到哪里就做到哪里，没有围绕一个目标展开，这样会让他白白浪费时间和资源，且无法取得好的裂变效果。

第五，售后服务跟不上

有的人在设计裂变流程时，没有提前准备好客服问答文案，也没有设置承接新用户的客服岗位。这样一来，客户的问题堆积如山，体验感也直线下降，而作为商家也会白白流失掉一部分客户资源。

第六，对"羊毛党"疏于防范

每次裂变活动，总有一些专业的"羊毛党"趁势而入，从中白白领取一些实物奖品或者红包。为了避免这种情况发生，我们需要在裂变活动前做好风险预估和应对措施，设立一定的参与门槛，不给"羊毛党"留机会。

第七，裂变流程靠一个人拍脑袋决定

俗话说："三个臭皮匠，顶个诸葛亮"。面对一个流程烦琐的裂变活动，最好是团队作战，头脑风暴，集思广益，这样活动才能办得精彩纷呈，如果一个人拍脑袋决定，那么思路难免受限，裂变的效果也未必能如已所愿。另外，前期一定要做好调研，也许你以为的用户需求跟实际的用户需求会有差别。为了更好地贴合用户需求，策划者需要走出自我，多听听别人的意见和想法。

第八，活动中间没有提醒

有些裂变活动一开始参与的人非常多，但是慢慢地用户流失非常严重。这是因为裂变过程中缺少了适当的提醒。如果添加了这个步骤，也许用户会增加继续下去的决心。

第九，裂变活动未能有效传递

有些裂变活动宣传得不到位，活动开展很久，却鲜有人知。其实传递裂变活动信息的途径有很多种，如公众号、社群、朋友圈、私聊、App 弹窗、短信、电话等都可以触达，宣传渠道拓宽了，自然就会有反馈。这一点大家一定要注意。

第十，活动数据没有实时监控

裂变活动在进行的过程中不能放任自流，要时刻关注数据的变化，然后根据变化结果优化海报、调整文案，这样裂变活动才能收获喜人的结果。

以上就是裂变活动中常见的十个坑，大家在实际工作中一定要多注意、多学习、多总结，不断优化出适合自己产品和用户的活动方案。

拼团裂变：以低价为"诱饵"，以促销为导向

拼团裂变是一种利用社交网络进行裂变扩散的营销模式。具体来讲，就是商家钊对特定商品，在约定时间内，以成团人数为条件，用优惠价格出售商品。而用户则通过社交网络分享拼团活动，邀请朋友和家人一起参与，最终低价购入商品。这种模式对于商家和用户来讲，都有益处。商家虽然降低了价格，但是实现了用户数量的快速增长和口碑营销，而用户在付出人脉资源后也享受到了优惠的价格。

拼团裂变的模式具有双赢的优势，所以很多商家青睐于它。其中使用该模式裂变较成功的当数拼多多。它采用直接拼团、参与拼单、邀请助力、分享互惠等拼团方式，在微信群或朋友圈疯狂刷屏，最终成功获得数

亿用户。

拼团裂变效果显著，我们在营销过程中也可以像拼多多一样利用该模式增加用户数量。不过在使用的过程中要注意以下几个要点。

第一，做好基础设置

在拼团之前要想好拼团活动的名称、拼团的产品、拼团的次数、拼团的有效期等。这是策划一个裂变活动的基础。

第二，选择好爆品

一般来说，挑选拼团的商品不能太过随意，一定要找那种能一下勾起用户兴趣的产品，比如网络热品、日常刚需用品、知名品牌等，这样的产品才具备爆品的潜质。

第三，设置好产品价格

商品显示的参团价格要略低一些，这样就能和原价形成鲜明的对比，用户本着贪便宜的心态，一定会积极参与的。

第四，控制好库存

为了控制成本，我们需要合理设置库存。如果所有商品都以极低的价格出售，那么商家会赔得血本无归。

第五，模拟成团

为提高拼团成交率，可以在拼团时间结束后用系统自动凑足虚拟买家强制成团。

第六，选择合适的拼团类型

常见的拼团类型有：拼团享优惠、拼团 0 元购、拼团帮砍价、拼团享打折等。策划者可以根据实际需要，选择适合自己的拼团类型。

第七，激励团长

为了激发团长的分享欲望，商家可给予团长更优惠的价格或其他奖励。这样团长在优惠价格的刺激下能更卖力地参与拼团裂变活动，最后这个活动也会因为好的激励机制获得理想的裂变效果。

例如，一家亲子游泳中心曾经策划了一场拼团裂变活动，活动的主题名为：Blue 限量人鱼卡超值课包限时抢。这个裂变活动针对团购成员做了以下规定：

（1）三人成团。

（2）会员需单独担任团长身份开团并邀请 0~3.5 岁非会员成团；不可以队员身份参团成团。

（即与其他会员成团）

（3）会员之间拼团购买无效。

（4）非会员可以担任团长，也可以队员身份参团。

（担任团长时也不可以邀请会员）

（5）开团后 48 小时内购买有效，超时则拼团失败。

（6）每个家庭限购拼团或参团一次。

（7）课包有效期：复工起 3 个月内有效。

该活动虽然有诸多条条框框的限制，但是参团的价格真的特别优惠。原来价值 1 104 元的游泳课程，只要完成参团任务，就可享受 299 元的超低价。这样的激励制度很能打动人心，于是人们踊跃参与，最后这个拼

团裂变活动上线 6 天，就售卖了 496 份课程，该游泳中心也获得了将近 15 万元的销售额。

第八，控制好成团的人数

成团的人数不能太多，也不能太少，太多会给用户造成心理压力，从而降低其参与的积极性，太少则无法保障商家的利益。通常来讲，将成团人数控制在 2~5 人较为合理。

第九，要研究一些创意的玩法

人们都喜欢一些稀奇古怪的东西，如果裂变活动过于平常，激发不了大家参与的兴致，所以有新意的拼团玩法才是取胜的关键。比如欧莱雅代理商曾经就策划过一个幸运拼团玩法，它具体的活动规则是这样的：开团的人数可以是 10 人、20 人或 50 人，拼中商品的用户获得商品，未拼中的用户获得 1 元奖励和返还支付金额。

这种幸运拼团玩法通过结合优惠、概率和奖励，创造了一个既刺激又具有不确定性的购物体验，从而激发消费者的参与热情。它是一种利用消费者追求优惠和参与感强的心理特点，通过设置拼团活动和奖励机制，鼓励消费者参与并分享，从而实现用户裂变和销量提升的营销策略。欧莱雅代理商利用这种策略不仅成功打开局面，而且借助这种拼团模式，获得了巨大的用户流量以及订单收益。

最后提醒大家，在运用拼团裂变工具时，要把握好分寸，营销策略不能过于激进，也不能为了追求快速增长而急于求成，否则会损害品牌的形象。

分销裂变：利用用户的社交关系链迅速传播

分销裂变是一种利用社交网络和电商平台进行产品推广的营销策略。其核心思想是通过招募用户（通常称为"分销商"）和制订有效的分销计划，激励用户将产品或服务分享给他们的社交网络，以此吸引更多的人来购买，实现用户和销售业绩的快速增长。

通常这类裂变模式更适用于产品型社群，群成员将社群中的产品分享给自己的亲朋好友，分享后他的社交关系中只要有人下单，该成员就可以获得佣金。这种"边消费边赚钱"的模式对于用户而言很有吸引力，而企业也能借助这种模式快速扩展市场。此外，由于分销裂变是借助用户的社交网络进行推广的，所以也可以帮助企业节省一大笔广告支出的费用。

正是因为分销裂变有如此多的优势，所以它很受企业和商家的青睐。运用分销裂变为自己引流拓客也成了很多企业营销的手段之一。下面我们针对分销裂变模式的设计提几点有用的建议。

第一，设定目标

分销裂变的目标可以是增加品牌曝光，也可以是扩大用户基数，还可以是提升销售额。总之，不管是什么目标，必须先确定下来。接着我们需要把裂变目标量化一下，即本次裂变计划新增多少用户，或者本次裂变

要达到多少销量等。确定了具体目标之后，裂变活动的成败便有了判断的标准。

第二，市场调研

调研的内容主要有两个：一是了解目标用户的年龄、性别、兴趣、消费习惯等，以便做出更贴合用户需求的分销裂变方案；二是掌握竞争对手的营销策略，以便找出差异化的机会点。

第三，团队组建

组织分销裂变是一项系统复杂的工作，它需要团队中的多个成员合作完成。所以，在活动开始之前，要搭建一个专业的团队，团队的人员分别负责市场、销售、技术、客服等方面，大家共同推进分销裂变活动顺利完成。

第四，选择合适的分销裂变模式

分销裂变的商业模式多种多样，具体包括：多级裂变模式、拼团裂变模式、邀请裂变模式、分享裂变模式和注册裂变模式等。这些模式各有特点，企业可以根据自身情况和目标市场灵活选择。

（1）多级裂变模式。在此模式下，分销商可以邀请多个下线分销商，形成多层级的结构。这种模式能够激发用户的积极性，鼓励他们邀请更多的朋友加入并购买产品，从而形成一种持续的用户增长和裂变效应。

（2）拼团裂变模式。用户以拼团的方式召集众人共同购买同一商品。每位参与者均可邀请他人加入拼团，成功拼团后，所有参与者均可获得相应的佣金。

（3）邀请裂变模式。顾名思义，就是用户邀请朋友注册、购买商品或参与特定活动，完成任务后即可获得奖励。同时，被邀请的朋友也能复制这位用户的行为，从而形成连续的邀请链。

（4）分享裂变模式。用户购买商品后，选择将其分享至社交平台或推荐给朋友。若有人通过该用户分享的链接购买商品，该用户将获得奖励或返利，以此激励更多分享行为。

（5）注册裂变模式。用户注册成为会员后，可邀请朋友注册或完成首次购买，当朋友完成这些任务之后，用户可获得奖励或积分。

第五，预算规划

策划分销裂变活动还需要考虑预算的问题。通常这些预算包括营销费用、技术开发费用、奖励费用等。

第六，工具准备

常见的分销裂变工具有小程序、H5 页面、CRM 系统、邀请码 / 链接生成工具、优惠券 / 折扣码、公众号分销插件等。营销者在裂变活动开始之前，一定要确保这些工具能正常运行，能带给用户一种良好的体验。

第七，内容创作

为了满足不同用户的需求，我们可以创作多种形式的内容，如文章、视频、图文、直播等，这样可以辐射到更大范围的用户。内容形式可以多种多样，但是整体风格要和品牌形象保持一致，否则会降低品牌的辨识度。

第八，渠道选择

目前可供分销裂变的平台和渠道有很多，如微信、微博、抖音、小红

书等。我们要了解各个平台的特点和用户行为，然后选择最适合的平台进行内容分发。

第九，激励机制

佣金是激发群成员分享的最大动机，所以设定合理的佣金比例和奖励机制对于分销裂变活动至关重要。通常来讲，佣金设定在 30%~50% 较为合理，按照这个佣金比例进行激励，成员的传播力度会非常大。

例如，一个名为"金标尺公考"的教育机构曾经策划了一场经典的分销裂变活动，活动的主题为"好课送好友，点击'邀请海报'，赚取奖学金"。活动的产品为"2020 年公务员考试 10 天提分密训班"。这个密训班原来的报名价格是 398 元，活动打折后，用户可享受 39.8 元的现价。这个分销裂变活动规定，一级分销如果成功邀请到好友可获得 20 元的返现佣金。"低价产品＋高价返佣"是这次活动的亮点，很多人看到如此高性价比的活动便迫不及待地参与其中，最后这场裂变活动非常成功，活动上线一个月，售卖产品的数量就接近 3 000 份，总付费金额高达 20 多万元。

最后提醒大家，分销裂变要严格遵守相关法律法规，要尽量避免多层级分销，否则很有可能违反法律，承担一定的经济处罚。

转介绍裂变：以老带新，低成本获客

转介绍裂变，顾名思义，就是以老促新，让老用户介绍新用户，以此完成用户增长。这种增长模式通常在在线教育领域应用得比较广泛。据知网报道，在火花思维的 30 万用户中，转介绍超 85%，伴鱼少儿英语转介绍占比 70%，豌豆思维转介绍超 85%。由此可见，这种裂变模式的威力巨大。

通常来讲，采用这种裂变模式得到的新客户非常精准，这些新客户都是对产品或者服务有潜在需求的人，因为他们对老客户的信任度非常高，所以转化率和留存率都很高。不过这种裂变模式还有另外一个特点，那就是运行周期有点长，需要进行持续的用户触达和激励，才能维持老用户的活跃度，促使他们向新用户进行推荐。

商家或者企业如果想通过这种模式为自己裂变出新用户，需要注意以下几点内容。

第一，筛选出优质用户

我们知道，这种增长方式是建立在老用户对产品或服务相对满意的基础之上的，所以，我们需要对那些参与分享或邀请的老用户进行筛选，筛选出那些对产品或者服务有深度体验的人，这些人才具有较高的推荐潜

力和价值。他们的推荐质量和可信度比较高，可以很好地带动新用户的增长。

第二，设计合理的激励机制

要想提升老客户推荐的积极性，合理的激励必不可少，如奖励课程、优惠券、积分等。这些激励措施会极大地提升他们的推荐意愿。

以 VIPKID 为例，它为了让自己主修课的付费学员邀请到更多的新用户，特意设计了一些低价课、拼团课。这些课程给老用户带来了优惠，同时也提高了他们的满意度和忠诚度，最后老用户带动了新用户的增长和留存。

最后提醒大家，在设计激励机制时要确保奖励的东西与老用户的兴趣和需求相匹配，这样转介绍才能事半功倍。

第三，设计好裂变海报

在设计裂变海报时，要根据目标用户的特点和喜好展开，这样才能更好地吸引用户。另外，在海报的文案中要突出产品的特点和优势，这样才能赢得新用户的青睐和信任。

第四，做好用户触达与跟进

我们需要通过社交媒体、邮件、短信等渠道，将推广素材发送给老用户，并鼓励他们进行分享和邀请。同时，对老用户的推荐行为要及时跟进，对于他们的疑问要及时解答，这样才能提升转介绍的成功率。

第五，做好新用户的转化与留存

获得新用户之后，并不意味着转介绍活动就此结束，后续我们还要做好及时转化和留存工作。具体来讲，就是通过提供个性化的学习路径、优质的课程内容和服务等方式，提高新用户的满意度和留存率。如果缺少后续这一步骤，那么新用户很有可能白白流失，而你前面精心策划的转介绍活动也会前功尽弃。

转介绍裂变是一种有效的用户增长策略，大家在使用这种策略的时候一定要保障活动的真实性和准确性，避免夸大其词或虚假宣传，否则会损害产品的声誉和用户的信任。

🧑 砍价裂变：利用"砍价"功能，渗透用户好友圈

砍价裂变模式是指通过设定商品的原价和优惠价，以及砍价人数，鼓励用户分享商品链接给好友，通过好友的砍价来降低商品价格，从而吸引更多用户参与并购买商品的一种营销模式。

这种模式广泛应用于各类商家和微商中。万家福超市就曾借助砍价裂变活动打开网络营销市场的大门，为自己带来了新的利益增长点。

首先，它设计了一张主题为"有礼同享，抱团砍价"的裂变海报，海报规定每48人帮忙砍价便能成功砍下奖品。顾客砍价成功后，可获得价值100元的现金券，这种现金券在活动截止日期之前随时可入店使用。

为了扩大活动的影响力，该超市通过发放线下传单、张贴优惠海报等方式进行宣传。随着砍价活动的裂变传播，该超市吸引了大量用户参与，

这样一来便有效提升了门店的客流量和销售业绩。

商家利用这种砍价裂变模式可获得用户数量的快速增长，从而连带着提升自己的经济效益。另外，这种模式利用了用户的社交关系网络，通过用户自发地分享和传播，实现商品的快速裂变推广，所以它与传统的营销模式相比，成本更低一些。而且更重要的是，它的裂变速度也是相当的快，能在短时间内大幅提升商品的曝光率和知名度。

另外，在砍价的过程中，用户会随时关注商品的价格变化，与好友互动，这样一来就加深了他们对商品和品牌的认知。而且低价的商品还能够激发用户的参与热情，提高用户的活跃度和互动性，更能够刺激用户的购买欲望。而商家也会因为砍价活动带来的大量曝光和关注而赚得盆满钵满。

了解了砍价裂变的各种优势之后，我们接下来一起探讨一下设计砍价裂变活动需要注意的一些要点。

第一，设定合理的砍价规则

在活动开启之前，首先要规定好砍价的人数、砍价时间、砍价幅度等，这些规则和条件关系着用户的参与热情，也关系着商家的利润空间，所以设置的时候要二者兼顾，不能为了一方的利益而损害另一方的利益，否则活动无法持续下去。

第二，选择合适的商品

什么样的商品适合用来砍价呢？首先，商品价格不能太高，也不能太低，过高或者过低都会影响用户参与的积极性，只有价格适中的商品才更受大家的欢迎；其次，商品的受众要广，这样才会吸引更多的用户前来参与。

第三，优化用户体验

为了让用户愉快地参与砍价活动，我们需要为其提供便捷的分享方式、清晰的砍价进度、快速的支付流程等，只有用户体验感上去了，我们的裂变活动才能取得更理想的效果。

第四，数据追踪与分析

在砍价裂变的过程中，用户的参与度如何，分享率高不高，转化率多少，这些数据我们需要一一了解，只有这些解了才可以为后续的营销策略优化提供有力支持。

总而言之，砍价裂变模式是一种有效的营销策略。这种裂变模式在互联网电商领域已经取得了巨大的成功，最典型的案例便是拼多多，它通过"砍一刀"的方式获得了惊人的裂变效果。实体门店要想突破销售的瓶颈，同样可以借鉴和应用这种模式。

抽奖裂变：利用抽奖活动，扩充私域流量

抽奖裂变模式是一种有效的营销策略，它利用抽奖活动来吸引用户参与，并通过用户的分享行为实现裂变效果，为品牌带来大量的曝光和潜在顾客。

这种裂变模式的核心在于它利用了人性中"赌"的心理，通过高诱惑的奖品刺激用户参与抽奖活动，最终达成用户数量增多的目的。这种抽奖裂变模式让用户觉得自己有机会获得高价值的奖品，所以他们总是跃跃欲试，参与度很高，而企业也能借助用户"赌"的心理用低成本获取一大批流量。但是这种裂变模式也有一定的局限性，因为它吸引来的用户并不精准，这样会给企业后续的运营带来一定的难度。

总而言之，这种裂变模式有利有弊，不过企业要是使用得当，那么获得的利要远远大于弊。我们就以曾经轰动一时的支付宝"锦鲤抽奖"活动为例。当时支付宝官方在微博宣布，他们要在全网搜寻幸运用户，用户只要使用支付宝跨境支付就有可能随机"免单"，并且转发这条微博还有可能成为"中国锦鲤"。"锦鲤"的奖品包括鞋包服饰、化妆品、美食券、电影票、SPA 券、旅游免单、手机、机票、酒店等，总之，这份礼单的奖品非常丰厚，人们看到后趋之若鹜，最终这一活动的转发量达到 300 万，单条微博阅读量达到 2 亿，刷新了企业营销案例中的转发纪录，而中奖用户@信小呆的微博账号在短时间内涨了数十万真实粉丝。由此可见，抽奖裂变模式有多厉害。

下面我们将这种裂变模式的具体操作要点详细介绍一下。

第一，设置奖品

设置奖品的环节非常关键，奖品的吸引力决定了参与人数的多少。那么什么样的商品才能算是好的抽奖奖品呢？一般来讲，抽奖奖品可以分为三个层级，第一层是积分、小额度优惠券等中奖概率较高的奖品；第二层是试听课机会、课程兑换券、VIP 试用资格等中奖概率相对较低的奖品；第三层是 iPad、手机、电脑等高价值奖品。通常来讲，第三层主要是用来做宣传的噱头，第一、第二层才是主推的奖品。具体怎么设置奖品，还需要根据自己的实际业务情况进行设计，但不管怎么设计，筛选出来的奖品既要吸引用户，又不会造成过大的支出。

第二，确定抽奖条件

为了激发用户参与的积极性，我们可以为用户多设置几次抽奖的机会，比如完成邀请注册任务可以获得一次抽奖机会，完成一次微信分享又可以获得一次抽奖机会，这样可以有效提升用户的参与率和分享率。

第三，选择有创意的抽奖形式

我们常用的抽奖形式有大转盘、九宫格、砸金蛋等。为了更好地吸引用户参与，我们还可以像火花思维那样设计"集钥匙开箱""集船票开船"等新玩法，可以大大增强活动的趣味性，能够刺激用户积极参与。

第四，奖品发放

商家根据抽奖结果向用户发放奖品，可以是实物奖品的邮寄、优惠券的发放等。同时，商家也可以利用奖品发放环节进行用户触达和转化。

第五，简化参与规则

为了确保裂变活动能获得更多用户，我们在制定抽奖规则时不能过于复杂，只有简单易懂的参与规则才能让用户快速理解并参与到抽奖活动中。复杂的参与规则会增加用户的理解压力，降低用户的参与度。

最后，为了极大程度吸引到用户，我们可以通过创建开屏广告、首页

轮播图板块、图片板块等方式来实现幸运大转盘活动的链接跳转，多场景覆盖式推广，可以辐射到更多的用户，更有利于实现流量裂变的目的。

内容裂变：持续输出干货，促使粉丝裂变

内容裂变是一种营销策略，其核心思想是利用高质量或热门的内容吸引用户，并通过创造有趣、引人注目的内容或激励机制，激发用户参与和分享，从而形成传播效应。

与传统的广告相比，这种裂变模式不需要投入大量的资金，只要依靠用户的社交网络传播，内容就能被分享和转发，所以它具有营销成本低、传播速度快的特点。另外，这种模式可以为用户提供有趣和有价值的内容，所以用户的黏性和忠诚度都很高，也能精准锁定目标用户。最后，内容裂变能够快速扩散，不仅可以在社交媒体上传播，也可以通过视频、小程序等传播，所以，这种裂变模式一旦启动可以为品牌带来持久且大范围的曝光。

以上就是内容裂变的各种优势，企业在利用内容营销实现裂变增长时需要把握好下面五个核心点。

第一，确定目标用户

撰写裂变内容时要先考虑目标用户的需求和喜好，否则很难写出他们喜欢的内容。那么如何明确自己的目标用户呢？企业可以通过市场调研和

数据分析，找到自己的目标用户，并了解他们的需求和喜好，这样才能策划出受欢迎的内容裂变活动。

第二，策划优质内容

在明确了目标用户之后，我们就要创造出优质的内容吸引用户，并激发他们的分享欲望，从而推动内容在社交媒体平台（如微信、微博、抖音等）上广泛传播。在创造内容的过程中要保持原创性，不可抄袭或者洗稿，这样才能提升品牌的独特性，增强用户的信任感。另外，内容要有吸引力，具体来说，可以运用图片、视频、动画等多媒体形式来丰富内容。也可以添加一些趣味元素，增强内容的可读性；还可以为用户带来专业性强和实用性较强的干货内容，以此弥补用户的知识短板。最后，我们创造的内容要简洁明了，易于理解，如果文章中必须用到一些专业的名词，也要用通俗化的语言代替，这样用户才不会因为晦涩难懂而直接放弃阅读。

第三，选择合适的平台发布

创作出优质内容之后，企业还需要将这些内容分发到合适的渠道中，从而让更多的用户看到。通常来讲，每个平台都有其独特的特点和用户群体。例如，微博适合传播热点话题，抖音适合短视频，微信公众号适合深度文章等。企业需要根据内容类型和目标受众，选择最适合的平台进行发布。

第四，加强与用户的互动

在平台上发布内容之后，需要积极与用户互动，回答用户问题，提高用户参与度，增强与用户的黏性。对用户的反馈进行整理和分析，以便优化后续的内容创作和发布策略。

第五，分析数据

关注各平台的浏览量、点赞量、转发量等数据，推断和掌握用户喜好。找出内容的不足之处，根据用户的反馈优化内容，创作出更受欢迎的营销内容。

提醒大家，在内容裂变过程中，要确保内容的合规性，避免涉及敏感话题或侵权问题，否则内容传播会受到限制，裂变活动也无法达到预期的效果。

 口碑裂变：利用关键意见消费者，加速裂变扩散

口碑裂变是指用户使用了某种产品或体验了某种服务后，感到非常满意，从而主动把产品推荐给亲朋好友，在用户的社交圈内形成良好的口碑，一传十、十传百的一种传播方式。

首先，这种营销模式基本上无须任何成本就能获得许多新用户。其次，因为这种裂变方式是靠口碑建立起来的，所以新用户对产品或服务的信任度较高。最后，良好的口碑是通过社交网络传播的，所以传播的速度非常快，覆盖的范围很广，影响力也很持久，这很容易让用户建立起对品牌的忠诚度。

以上就是口碑裂变模式的优势。如今很多企业都在利用这种高效、低

成本的营销策略实现品牌的传播和用户的快速增长。不过在一众口碑裂变的营销者中，海底捞是做得最成功的企业之一。海底捞通过提供优质的服务和美味的食材，俘获了广大消费者的芳心。消费者主动在社交媒体上分享自己的就餐体验，海底捞也因此获得了好的口碑效应，在口碑效应的加持下，海底捞吸引了一大批新用户。

下面我们一起盘点一下策划口碑裂变活动时的几个关键要素。

第一，创造优质产品和服务体验

构建口碑裂变的基础是提供让用户满意甚至超出预期的产品或服务。只有产品和服务足够优质，用户才会主动与周围的亲朋好友分享。反之，假如产品不过关，服务不达标，那么即便是为他们提供优厚的奖励，客户也不会随意分享的，因为他们在乎自己的形象，他们不会为了虚假的产品而被贴上失信的标签。

第二，识别和培养 KOC

KOC，是 Key Opinion Consume 的缩写，翻译过来就是关键意见消费者。这类群体在裂变营销中扮演着至关重要的角色。他们与普通的消费者关系甚密，在特定的社交圈有较高的信任度和影响力，所以有了他们的推荐，产品和服务便能够在社交圈很快得到传播。

所以，聪明的策划者总会在社交圈找出具有影响力和活跃度的 KOC，并且和他们建立联系，然后设计各种激励机制，鼓励他们分享产品或者服务的使用体验，借助他们的力量进行口碑传播。当然，还有些商家会给KOC 提供营销素材，帮助他们创作出更具吸引力的内容，从而实现口碑

裂变的目标。

第三，搭建完善的社区交流平台

口碑裂变离不开平台的支持，如果没有合适的平台，那么口碑裂变便失去了传播的载体。所以，对于裂变策划者而言，搭建完善的社区交流平台，引导用户在微信群、朋友圈、小程序等平台上分享购物心得、晒单评价，是非常有必要的。

第四，打造热点话题

俗话说，好酒也怕巷子深。好的产品和服务如果营销不到位，只是依靠自然流量，那么无法取得好的销售成绩。聪明的营销者会主动创造机会，制造与品牌或产品相关的话题，引导用户在社交媒体上讨论和分享，或者在线上线下举办活动，为口碑传播创造各种可能，为自己的品牌打开知名度，为自己的企业找到新的利益增长点。

第五，精细化运营客户

营销者可以根据用户的社会属性，以及历史和浏览行为，分析了解用户偏好，从而为其提供个性化的产品或服务推荐。这样做的目的是提高用户的体验感，建立用户的忠诚度，从而为口碑传播打开坚实的群众基础。

总而言之，口碑裂变是一种强大的社交传播策略，对于企业的品牌建设和市场拓展具有重要意义。不过，大家在使用这一营销策略的时候也要把握好分寸，不可为了品牌形象过度营销，否则会适得其反，引发用户的反感和抵触情绪。

产品裂变：好的产品自带裂变属性

产品裂变是一种营销策略，其核心在于通过激励措施促使现有用户主动将产品分享或推荐给他们的朋友、家人或社交圈中的其他人，从而引发一系列连锁反应，像细胞分裂一样迅速扩大产品的用户基础和市场份额。

相较于传统的广告投放和营销手段，产品裂变依赖于用户的自发传播，因此成本较低，但效果可能非常显著。另外，在这种裂变模式下，参与裂变的用户往往对产品和品牌有很深的了解和认同，所以他们的推荐和分享往往比广告更具说服力，这有助于提升品牌的知名度和口碑。另外，产品信息经过社交网络的传播，可以快速触达成千上万的新用户，经过口耳相传，企业可以快速扩大用户基础。

我们在利用产品裂变模式引流拓客时，最重要的是确保产品的质量。产品质量是裂变营销的基础，我们只有提供优质的产品和服务，才能赢得用户的信任和转介绍。

下面我们为大家介绍几种产品筛选的方法，通过这几个筛选标准选出来的产品具有很好的裂变属性。

第一，选择有创意和个性的产品

富有创造性的产品通常能以最快的速度抓住用户的心，它在满足用户

个性化需求的同时也能为企业带来好的口碑，而一旦这个口碑发酵，那么后续势必会引来更多用户的关注。

第二，产品要直击用户的痛点

裂变的产品应该属于目标用户的刚需产品，这样才能促使他们快速认可产品，并且为产品做好口碑宣传。假如这个产品对用户而言可有可无，那么他们自然没有购买和分享的欲望。

第三，产品要具备社交属性

社交属性才是产品裂变的核心。我们只有挑选那些具有社交属性的产品，才能激发用户主动分享的欲望，也才能借助用户的手和口逐渐引爆市场。

第四，产品的性价比要高

裂变产品的价格不能太高，否则用户会因为其高昂的价格失去分享的欲望；其价格也不能太低，否则用户会觉得这是垃圾产品，分享出来会降低自己的身份和档次，这样裂变就会因此而中断。我们只有选择性价比高的产品，才能促使用户对它产生喜欢、信任的感觉，有了信任加持，产品分享裂变也会变得非常简单。

总而言之，优质的产品可以为我们带来超高的人气、巨量的用户、可观的收入，因此大家在用产品裂变模式时，一定要锁定目标用户，深度洞察他们的需求，然后挖掘产品的核心价值，以极致的用户体验赢得用户的信赖，这样才能引爆口碑，换来更多的流量。

地推裂变：让线下用户成为你的裂变引擎

地推裂变是一种有效的市场推广策略，它通过线下活动吸引用户，并通过一系列激励措施促使用户邀请更多人参与。

我们在进行地推裂变时，可直接接触到潜在用户，这样就能快速传达信息，提高转化率；另外，地面推广方式更符合人们日常生活的习惯，所以大家的接受度比较高；相比线上推广，地面推广通常投入更低，可以帮助我们节省营销成本；地推活动可以针对特定区域或人群进行，可实现更精准的营销。

总而言之，地推裂变的优势非常多，如果条件允许，我们完全可以利用这种模式完成裂变活动。下面我们为大家普及一些地推裂变的注意事项。

第一，明确裂变的目标

在做地推的时候，我们通常不能设置过多的裂变目标，否则过多的信息会让用户感到迷茫，增加他们参与的难度。为了避免这种情况发生，营销者只需要将精简信息、单一的核心内容传递给用户即可。

第二，简化流程

在做地推的过程中，环境通常来讲比较嘈杂，所以为了提升用户的参

与度，我们要尽可能地优先使用小程序进行裂变，小程序的打开速度更快，便于新用户快速了解。若是直接要求新用户下载 App，那么会让用户本就烦躁的心更加无法平静，他们根本不想花过多的时间和精力，点击注册新的 App。另外，新用户点击裂变链接时，应避免让其填写过于复杂的身份信息，否则会提高他们的参与门槛，降低他们的参与兴趣。

第三，设置合理的"诱饵"

为了刺激用户大量拉新，我们在做地推的时候可以设置阶梯性的"诱饵"。拉新人数越多，奖励就越丰厚。另外，奖励必须与目标用户群体的需求和兴趣相匹配，否则会影响大家参与的热情。

第四，多渠道传达信息

地推活动应结合线上线下多种渠道进行宣传，这样可以保障裂变信息能够广泛覆盖目标用户。

第五，精准选址与物料准备

做地推的时候选址不能麻痹大意，我们要根据目标用户群体的日常活动地点进行选址。例如，如果目标用户是老人，那么你可以选择在广场、购物商场等地方做地推。

另外，地推所需的物料应提前准备齐全，包括桌子、椅子、帐篷、横幅、宣传单页、名片等。同时，应确保物料上的信息准确、清晰，便于用户扫描和了解活动详情。

第六，注重用户体验与后续维护

地推裂变只是用户接触产品的开始，地推结束之后，我们还要为其提供优质的产品和服务，这样才能留住用户并促进口碑传播。

除此之外，我们还要加强与用户的沟通，及时解答用户疑问并提供帮助，建立和强化用户关系。这有助于提升用户忠诚度，并促进用户之间的口碑传播。

总而言之，地推裂变需要关注多个方面的内容，我们只有把各方面的细节做到位，才能促使地推裂变取得预期效果。

热点裂变：引爆传播力，让品牌瞬间"燃"起来

如今是一个全面娱乐化的时代，每天都会产生很多热门话题，因为热门话题自带吸睛体质，所以很多商家或者企业将蹭热点当成社会化营销很有效的手段，通过蹭热点，它们可以迅速吸引公众的注意力，提高其品牌的知名度，而且还可能获得更多用户的关注。热点裂变营销优势很多，本节我们就围绕着热点裂变这个主题展开。

首先，我们先来看一看它的概念。热点裂变是指利用热点话题或事件，通过裂变式传播的方式，使信息在短时间内迅速传播开来，从而达到扩大影响力、提升品牌知名度或促进销售等目的。这是一个结合了热点话题与裂变式传播的概念，它往往依赖于用户的自发参与和分享，因此具有高度的互动性和传播效率。

在利用热点进行裂变时需要注意以下事项。

第一，蹭热点前做好功课

不是每个热点都能随便蹭的，在蹭之前先了解整个事件的来龙去脉，梳理清楚其参与者和发生的背景，推断有可能产生的影响。等到各方面的了解工作都做到位了，再把你的品牌或者你的观点与之相结合，这样才是有效的热点裂变，如果没有自己的思考，人云亦云，或者蹭的热点跟自身品牌没有关联，那裂变活动将毫无意义。

第二，切入角度要独特

为了避免文案同质化，也为了保障文案吸睛，能够给用户带来全新的视听觉感受，我们在策划热点文案时不要随大流，而应该选择一个新奇的切入角度。这样大家看后眼前一亮，瞬间对你的活动产生兴趣。反之，如果文案太过于普通，那么即便蹭上热点，裂变效果也不可能太好。

第三，内容要丰富，具有吸引力

我们知道内容的质量决定了裂变式传播的效果。我们只有把内容写得具有足够的吸引力，才能够激发用户的分享欲望。那么如何增强内容的吸引力呢？首先我们可以将有趣的图片、视频、文字等各个要素结合起来，增加内容的丰富性；其次要确保内容简洁明了、易于理解，并且能够引发用户的情感共鸣。

第四，多方征集意见，做好风险评估

蹭热点是一把双刃剑，正确使用可以带来巨大的好处，但使用不当也可能造成负面影响。因此，在蹭热点时，需要谨慎考虑其利弊，并确保内容的适宜性和正面影响，否则很有可能像下面这位房地产商一样遭到舆论的反噬。

2022 年一场千年不遇的强降雨袭击了河南郑州，当时在暴雨的侵蚀下老百姓流离失所，苦不堪言。此时河南的一个房地产企业竟然想借着这场大暴雨的热点话题为自己的楼盘做营销。他们的海报上赫然写着："入住高地，让风雨只是风景。"此营销方案一出，舆论哗然，网络一片叫骂声："消费灾难，非蠢即坏。""恶意营销，丢人现眼。"

上面的这个案例告诉我们，蹭热点是有风险的，如果言论过于偏激，或者不考虑大众情绪，那么很容易让裂变效果适得其反。为了避免因为不当言论引起大众的反感情绪，在裂变文案被传播之前一定要多方询问，多处评估，确保公司和品牌的声誉不会受损。

第五，传播渠道要多样化

不同的渠道有不同的受众群体和特点，我们可以根据目标受众的喜好和习惯选择合适的渠道进行传播。也可以选择多个合适的渠道广泛传播，如社交媒体、短视频平台、新闻网站等，以扩大信息的覆盖面。

第六，注意版权问题

在利用热点话题进行裂变式传播时，可能会有涉嫌侵权的问题，所以我们在使用他人的图片、视频或文字等内容时，应尽可能地获得相应的授权或许可，确保所使用的素材和内容不侵犯他人的版权或知识产权。

第七，监测和评估效果

在热点裂变过程中，需要实时监测传播效果，包括传播范围、受众反应等。如果传播效果良好，且大家十分认可，那就让活动继续；如果风

评不对，有可能损害公司的声誉，我们就要及时调整传播策略，优化传播效果。

第八，避免过度营销

凡事讲究适可而止，过度营销可能会引起用户的反感，降低品牌的声誉和形象。所以在利用热点话题进行营销时，要避免过度营销或过度炒作的行为。

第九，注意法律法规

有些公司或者商家为了博人眼球，故意夸大热点事件，或者恶意捏造事实，以博得大批的流量，这样做是饮鸩止渴，严重违法。在进行热点裂变时，我们需要遵守相关的法律法规和道德规范，不得发布虚假信息、恶意攻击他人或进行其他违法违规行为。

综上所述，热点裂变是一种有效的传播方式，它通过用户自发传播、实现信息迅速扩散。在利用这种方式营销时需要注意的点很多，大家一定要谨慎考虑，以确保热点裂变能够取得预期的效果。

第九章
选择合适的裂变平台，
助力企业获得精准客流

👥 个人账号裂变的实操流程和方法解析

个人账号裂变，顾名思义，就是个人微信账号通过设置福利的方式，引导用户添加，用户添加成功，完成某个特定的任务，即可领取奖励。营销者在利用个人账号开展裂变活动之前，一定要做好以下几个准备。

第一，设置好添加好友的福利

用户之所以愿意添加你的个人账号，是因为有福利的诱惑。所以，在裂变之前，你可以先想想邀请他参与裂变可以承诺给他什么样的好处。有了好处去牵引，用户添加才会顺利。

第二，设置好领取的规则

用户添加完好友之后，你可以要求他分享你的裂变海报到自己的朋友

圈或者社群，任务完成之后，你看到相关的截图凭证，即可发放礼物；或者你还可以要求他邀请一定数量的好友添加你的个人微信，添加成功后再发放礼物。具体的领取规则你可以根据实际需要灵活制定，这个没有固定的框架。

第三，设置福利的发放形式

用户完成任务之后，接下来我们就要兑现承诺，给其发放福利。在这个环节，我们也需要选择不同的发放形式，如把用户导流到某个页面领取，或者也可以直接发放。

第四，制作分享裂变的海报

在裂变开始之前，我们就要把相关的海报制作完成，这样才不会临阵磨枪，频繁出错。具体如何制作裂变海报，我们在这里就不一一赘述了，本书的其他章节有详细的介绍。

第五，准备好配套工具

个人账号添加用户过多，会遭到微信平台的限制。为了避免其中的风险，大家可以引进个人号活码，一个活码可以代替多个个人微信账号的二维码，它允许用户添加多个个人账号，活码的运用也能提高添加好友的效率。

准备工作做到位之后，我们便可以开启个人账号的裂变活动。在个人账号裂变的过程中，大家可以采用以下两个基本的玩法。

第一，任务式玩法

任务式玩法的操作流程大致是这样的：添加好友—接收规则文案—再邀请若干好友添加此个人账号—完成邀请任务，领取奖励。采用这种任务式的玩法可以帮助我们大幅度地降低个人账号的引流成本。

第二，转发式玩法

转发式玩法的操作流程大致是这样的：添加好友：接收规则文案与海报，按提示分享海报：截图发回个人账号—领取奖励。采用这种裂变玩法可以更方便地给个人账号实现循环导流。

最后提醒大家，借助个人账号裂变时，要遵守微信平台的规则和政策，避免使用违规手段进行裂变，否则会遭到微信系统的封禁或降权。

企业微信账号裂变的方法剖析

与个人账号相对应的是企业的微信账号。个人微信和企业微信虽然有一些相似的功能，如群聊和朋友圈，但二者在定位、功能、管理、使用场景等方面完全不同。前者侧重于个人社交和生活服务，后者更偏向于企业级的办公和管理需求。

与个人账号裂变相比，企业微信号裂变更有优势：首先，企业微信可提供客户标签管理功能，这个功能可以帮助企业构建客户画像，实现精细化运营；其次，企业微信允许添加的好友数量远超过个人微信的 5 000 人上限，最高可达 2 万人，企业私域流量池足够庞大，可以容纳大批量的裂变客户；再次，企业微信自带群发功能，可以方便地进行社群管理和客户运营；又次，企业微信提供群活码功能，也支持机器人入驻，这样会大幅

提升裂变的效率；最后，企业微信的权重较高，通过企业微信群进行裂变活动可以规避封号的风险。

以上就是企业微信账号裂变的诸多优势。我们在利用企业微信账号裂变时可采取以下三种玩法。

第一，企业微信好友裂变

企业微信好友裂变的操作流程是这样的：用户看到活动海报：用户扫码，添加企业微信客服号：客服号自动推送活动规则和用户专属分享海报：用户分享海报邀请好友助力，领取奖励：下级用户持续分享，不断传播裂变。

这个裂变玩法简单、直接，且裂变效果非常好，一旦裂变活动开启，企业账号可以源源不断地引流拓客，而且没有任何的风险和顾虑。

第二，企业微信任务裂变

企业微信任务裂变的操作流程是这样的：用户看到活动海报：用户扫码关注公众号，公众号推送引导文案和企业微信客服号二维码：用户添加企业微信客服号，客服号自动推送活动规则和用户专属分享海报：用户分享海报邀请好友助力，公众号推送实时进度提醒，完成即可领取奖励—下级用户持续分享，不断传播裂变。

从上面的操作流程可以看到，与个人微信好友裂变相比，企业微信任务裂变显得更为复杂一点，它还引入了公众号和微信客服号两个内容，这样做可以帮助公众号和微信客服号沉淀双重流量。

第三，企业微信群裂变

企业微信群裂变的操作流程是这样的：用户看到活动海报；用户扫码进企业微信群；企业微信群自动推送群欢迎语、活动规则和裂变分享海报；用户分享海报到朋友圈，并截图发到群内；小助理自动审核发送消息。

借助企业微信裂变时切忌急功近利，应该保持足够的耐心，不断优化裂变策略和用户体验，最后才能实现长期稳定的用户增长。

掌握社群裂变的三大技巧，快速引爆客源

截至 2024 年 6 月 30 日，微信及 WeChat 合并月活账户数 13.71 亿。有了如此庞大的用户群体做依靠，在微信群策划裂变活动便可以享受得天独厚的优势。曾经一个名为 Lululemon 的品牌借助社群营销的病毒式增长在短短两年内业绩飞升，全球的年销售额达到了恐怖的 44 亿美元。

作为一种用户增长的手段，社群裂变有以下几种优势。首先就是裂变的成本很低。通常来讲，社群裂变成本有三个：工具成本、活动奖励成本、人力成本。其中人力成本有工具助力，可忽略不计，在这三个营销成本中，当数活动奖励的成本较大。从降本增效的角度出发，我们可以将奖励换成积分、优惠券、卡券等虚拟的礼品，也可以换成成本较低的学习资料等。这样一来，相较于其他市场推广方式，社群裂变的成本很低。

除了成本低以外，社交裂变出来的用户黏性也很强。因为社群可以为

用户提供交流和互动的空间，良好的社交氛围可以增强用户的信任感和归属感，提高用户留存率。此外，社群裂变具有较强的可操作性和持久性，适合用户长期使用，这非常有利于品牌的传播和用户的增长。

了解了社群裂变的各种优势之后，我们接下来一起探讨社交裂变的方法和技巧，从而帮助大家轻松获客。

第一，给用户提供足够的价值

我们要通过裂变活动给用户提供足够的价值，这样他才有转发和分享的动力。例如，某个代购的人员为了扩展客户，策划了一场裂变活动，活动的文案是这样写的：

送小 ck 包包啦！下午 6 点过后就不算数啦！

（1）只要参与就可以送 10 元优惠券。

（2）要求：转发该图片到朋友圈。

（3）统一配图文字为：小 ck 包包正品新加坡折扣中，良心代购！加她！（不满足要求者，中奖无效）

你们参与活动了，记得扫描二维码找我。定了别的小 ck 包包，350 元价位的，直接免单。

在这段文案中，不管是"直接免单"，还是"10 元优惠券"都是给用户提供了实实在在的价值，用户为了这点好处，也会积极支持这场裂变活动的。

第二，善于借助第三方平台的功能为自己圈人

《荀子·劝学》里有一句话："假舆马者，非利足也，而致千里。"这句话的意思是即使自身能力有限，只要善于借助工具，也能达到目的。聪明的裂变策划者懂得借助第三方的平台功能为自己助力。比如，利用聚加互动为自己管理用户数据和行为数据，实现裂变追踪和奖励分发。再如，利用语鹦企服智能引流获客，以及进行高效的客户管理。借助第三方平台的功能，企业可以更加高效地执行裂变活动，同时获得更详细的用户参与数据，便于后续的营销分析和优化。

第三，做好社群运营

社群运营是社群裂变的重要环节。如果缺少这个环节，那么用户无法对社群建立信任，也无法更好地为你拉新的用户。应该如何运营社群呢？具体如下。

首先，我们可以定期更新社群内容。在内容发布之前要了解受众的需求和兴趣，然后根据他们的兴趣定期发布有趣、实用、启发性的内容，而且这些内容最好与产品和品牌有关，内容里所传递的价值观要与目标用户相契合。内容的形式也不能拘泥于一种形式，可以是文字、图片、视频等多种形式，这样才能更好地吸引用户，才能让用户对你的品牌和产品有好的体验，从而促使其转发分享。

其次，我们还可以引领社群话题。为了极大地激发大家的兴趣，我们在选择话题的时候要从社群成员的兴趣点出发，找到与社群主题相关的话题，并创造性地运用各种媒介和策略，对话题进行深入挖掘和传播。

在引领社群话题的过程中，大家需要注意以下几点。

（1）保证话题有吸引力

社群成员并不是对每个话题都感兴趣，如果运营者选择的话题不对，那么很容易造成冷场的尴尬局面。因此在引领话题之前，先站在用户的角度换位思考一下，确定这个话题有趣、有料、有热度，对他们有价值和吸引力，然后才能引入。

（2）创造性地运用媒介。不同的媒介可以带来不同的效果，比如图片、视频、文字等，需要根据话题的特点和社群成员的喜好选择合适的媒介，并创造性地使用。

（3）打造权威性。社群成员只会对有影响力的人和品牌感兴趣，因此需要在话题传播的过程中，打造自己的权威性和品牌形象，吸引更多的人加入社群。

当然，社群的运营除了内容更新、话题讨论以外，还有秩序的维护。运营者们要定期维护社群，制定一些合适的社群规则，以免有人进群疯狂营销自己的产品，从而给其他用户带来不好的体验。

最后，要提醒大家，社群裂变也要讲究新意。如今裂变活动已经司空见惯，同质化的现象也比较严重，我们要想裂变增长有显著的效果，那就需要增加新意，比如，我们可以做一些心理学、形而上学、星座、人格等领域的小测试，客户出于好奇，也会分享转发的。当然，创新的裂变活动并不拘泥于这些单一的形式，大家一定要群策群力，集思广益，这样才能为实现指数级增长创造可能。

深度剖析公众号裂变的五个有效策略

微信公众号是腾讯公司针对企业、媒体、组织、个人等用户提供的一种业务平台。通过微信公众号，企业运营者可以与特定群体进行文字、图片、语音等全方位的沟通和互动。

与个人微信号和微信群相比，公众号的容量更大一些，它能容纳的粉丝量更多一些。而且在公众号上裂变，被投诉、被封号的可能性也比较小，更重要的是，公众号可以设置自动化流程，这样一来，裂变的效率大大提升，传播的效果也能成倍增长。

基于以上各种优势，公众号裂变已然成为当今企业快速扩大影响力，吸引和增加目标受众关注的关键营销策略。

例如，星火教育曾经在公众号上策划了一场裂变活动。根据活动规则，用户邀请到 7 位好友助力，即可领取升学宝典之《英语》+《全科精华本》+《语文》；邀请到 10 位好友助力，即可领取升学宝典全套 4 本；扫码助力完成 25 个，即可免费领取绒毛毯 + 百搭围巾 + 暖手抱枕。

邀请任务结束之后，星火教育还给完成任务的用户做一个排名榜，排名第 1 位的用户可获得价值 2 499 元的欧伟士 5T 智能取暖器 1 件（助力数至少 50 个，需自提）。排名第 2 ~ 20 位的用户可获得价值 99 元的充电暖

手宝1个（助力数至少30个）。面对如此丰厚的大礼，"种子用户"疯狂行动，最后1 677个"种子用户"成功裂变出6 396个新用户。

在公众号裂变的过程中，我们需要用到哪些方法和策略呢？下面针对这个问题，为大家展开详细的解读。

第一，选择裂变奖品有讲究

裂变奖品的好坏关系着裂变效果，所以我们选择的时候需要谨慎一点。首先，我们要围绕用户的需求选择。其次，奖品要与行业特性有关。这样可以将用户群体与自身的产品或者服务联系起来，从而实现高留存、高转化。例如，新东方教育利用公众号裂变时，赠送《小王子》《卡尔·威特的教育》，这些亲子教育的书恰好契合用户的需求，同时也保证了用户群体不脱离行业范围。

第二，善用配套工具

下面我们盘点一下公众号裂变常用的四种配套工具：任务宝、分享宝、节日签、抽奖宝。使用这些工具，可以帮助大家更好地完成裂变任务。

（1）任务宝

任务宝裂变有很多种玩法，如一级裂变任务、二级裂变任务、三级裂变任务、排行榜裂变、阶梯式抽奖等。

这里的一级裂变任务是指用户只需要完成指定的一项邀请好友任务，即可获得该项任务对应的奖品，这种裂变玩法的目的就是通过用户的社交网络快速扩散产品或服务。

二级裂变任务，具体来说，就是用户在完成一级裂变任务的基础上，还可以继续邀请更多的好友为自己助力，冲击二级裂变任务对应的奖励。这种模式通过用户之间的互动和分享，可快速实现品牌的推广和销售的增长。

三级裂变任务，就是用户在完成一、二级裂变任务的基础上，继续邀请更多的好友助力，等到三级裂变任务完成，即可领取对应的奖励。通过这种三级裂变策略，企业可以在不增加额外成本的情况下，有效地扩大其用户群体和影响力。

排行榜裂变是一种排行榜和裂变策略相结合的营销模式，具体是指用户在规定时间内可无限邀请好友助力，邀请得越多，排名就越靠前，而排名靠前的用户可在活动结束后获取对应排名的奖励。这种裂变模式通过展示排名信息，可成功激发用户的竞争心理和参与热情，从而使其积极邀请好友参与活动，最终实现用户的自发传播和裂变效果。

阶梯式抽奖就是用户在完成了既定的邀请任务之后，可获得抽奖资格。如邀请5位好友，即可参与300元天猫优惠券的抽奖活动。

（2）分享宝

分享宝裂变的流程大概是这样的：用户看到活动海报后扫码进入公众号，然后通过公众号获悉活动规则，领取到专属海报。接着用户根据提示，转发专属海报和指定的文案到朋友圈。任务完成后截图给客服人员，客服审核通过后用户即可领取奖品。在使用分享宝裂变的过程中，我们可以用"转发文案＋海报"的形式完成裂变活动，也可以采用"转发＋文章

链接"的方式展开活动。

（3）节日签

节日签是公众号运营者为了吸引用户参与、增强用户黏性并促进公众号裂变增长而设计的一种互动海报。用户通过关注公众号并在公众号内回复特定关键词，即可生成一张带有自己头像、昵称以及节日祝福等信息的专属海报。节日签通用的主题有星座、智商、情商、脱单、预测未来、总结过去。当然，也有一些是针对热点话题的主题。

采用节日签裂变的活动流程大致是这样的：用户看到别人的节日签，然后扫码关注公众号，关注之后可获得对应的活动文案，用户点击文案中的文字链和"立即查看"，即可获得公众号随机发放的节日签，随后用户转发分享，从而使品牌曝光。公众号裂变的节日签是一种有效的营销方式，可以帮助公众号吸引到更多用户关注、提高用户黏性并促进裂变增长。不过在使用这种方式吸粉时，要注意活动的个性化和互动性，这样才能增强活动的吸引力，从而引发用户的讨论和分享。

（4）抽奖宝

抽奖宝裂变的步骤是这样的：用户看到活动海报，扫码进入公众号，获得了活动规则和专属海报，接着用户转发活动海报，邀请好友扫码助力，助力之后公众号会推送抽奖机会，用户点击文字链接，参与抽奖。用户若是能有幸中奖，公众号就会弹出奖品领取方式。抽奖宝的抽奖类型多种多样，我们在设计抽奖形式时要尝试一些创意玩法，以此吸引用户的注意。另外，还可以设置多层次的奖品，以吸引不同需求的用户。

第三，选择合适的推广渠道

公众号的裂变活动可以分为两种推广渠道：一是自有渠道，该渠道以原公众号粉丝或社群用户为基础进行裂变，"种子用户"将活动海报分享给二级用户，二级用户再分享给三级用户，以此类推，不断传播；二是外部渠道，外部渠道包括个人号朋友圈、外部公众号、微信群、广点通，以及豆瓣、贴吧、微博、小红书等社交平台。我们在选择推广渠道时，优先选择和本行业相关的渠道进行推广，这样才能吸引到更精准的目标用户。

第四，创建优质的内容

丰富的内容是吸引客户的关键所在，很多用户之所以关注某个公众号是因为它里面的内容足够有吸引力。所以在裂变之前，我们一定要目标明确，根据受众的需求制定有效的内容策略，确保你所创作的内容重点清晰，逻辑分明，易于理解，且能给用户带来实实在在的价值，这样后续的裂变活动才能因为优质的内容吸引一大批忠诚的用户。

第五，做好裂变效果的评估

在裂变的过程中，我们要时刻关注用户的增长数据，以及用户的活跃度。具体来说，就是观察裂变活动前后的关注量变化，分析一下用户的阅读、点赞、评论等行为，以此来评估裂变的效果。如果发现有些地方达不到预期效果，或者还有改进的空间，那么我们就需要对现有的策略进行调整。保持一种开放的态度，虚心接受来自内部人员和客户的反馈，从裂变数据中获取有用的信息，然后根据这些信息和反馈进行策略的调整，这才是营销者的明智之举。

等到裂变活动结束之后，要及时下架与活动相关的内容，确保用户无法再通过这些渠道参与已结束的活动，从而避免产生不必要的纠纷或误解。同时也有助于维护公众号的整洁度和专业性。

 ## 小程序裂变要遵守这三大原则

如今可供裂变的平台有很多，除了社群和公众号之外，还有小程序可以策划裂变活动。在小程序上裂变无须连接点，即时就可以获得反馈，能够实现用户的高效触达。另外，在这个平台裂变，操作非常简单，针对三、四线城市的下沉用户也很合适。此外，小程序可以根据商家需求，对特定地域、人群进行精准推送，并且借助用户的社交网络，可形成快速传播。最后我们还可以根据小程序的数据统计分析活动的播放量、点赞数、转发量等，从而对营销效果有进一步的了解。

总而言之，小程序裂变是一种高效、低成本的营销方式，它能够帮助品牌快速扩大影响力，提高用户忠诚度和转化率。在利用小程序裂变时需要遵守以下三个原则。

第一，简单性

裂变活动的操作流程不能设计得过于复杂，否则有可能提高用户参与的门槛，从而降低用户的参与率。通常来讲，用户在一个页面最多停留几秒，所以页面设计得简洁一点，用户思考的时间就会短一点，参与转发分

享的可能性就多一点。例如，世界杯赛程小程序，用户点进来就可以看到赛程和赔率，翻到底下有一个按钮，点击即可分享给他人，这样简单的操作步骤使得裂变的效果非常好，该活动上线一天就达到几百万的流量。

第二，场景化

为什么小程序裂变要实现场景化呢？首先能精准定位用户，从而提高营销效果；其次模拟场景化的活动，能够给用户一种置身其中的感觉，能增强用户的体验感，也能让用户在今后有类似需求的时候想起你的活动。那么如何让裂变活动场景化呢？首先我们要考虑用户的需求，这样才能设计出让用户感同身受的场景化内容；其次还可以将小程序的功能与用户的实际应用场景相结合，这样才能增强用户的黏性，提升用户的使用频率。

例如，利用小程序策划春节裂变营销活动时，你可以加入年俗文化的知识点，比如鼓励大家一起晒年夜饭、种草年货等活动，在朋友圈分享年货福利，营造新春置办年货的热闹氛围，这样才能让大家感受到节日的氛围，从而更好地迎合你的裂变活动。

第三，激励性

策划者只有提供具有吸引力的激励机制，才能激发用户的分享欲望，推动裂变活动顺利进行。具体来讲，我们可以将红包、优惠券、积分、会员特权等，作为用户分享后获得的直接或间接回报。用户感受到这些实实在在的好处，就会加快分享转发的步伐。

例如，某商家为了推广自己的橙子，在小程序上策划了一场裂变活动。该裂变活动的具体内容是这样的：首先商家选择价格较为低廉的普通

橙作为拼团商品，以此吸引了当地一大批对其橙子认可度高的用户作为"种子用户"。此后，商家又以 10 人团 3.9 元、2 人团 5.9 元的价格出售同等品质、规格的橙子，这样低的价格很快激发了老用户的裂变，这批橙子在短短 1 个月的时间就获得了 20 万元的销售额。

由此可见，好的激励机制可以激发用户参与的热情，增加裂变的效果。另外，利用小程序裂变一定要保证奖励的真实性，否则会影响到商家的声誉和品牌形象。最后，奖励的费用要保持在可以控制的范围内，避免因裂变而导致成本失控。

抖音粉丝裂变的具体策略和流程

要论当下最热门的短视频平台，非抖音莫属了。数据显示，2024 年抖音的日活量已经突破 7 亿，这是一个非常庞大的数据。依靠这么强大的用户群体，抖音裂变营销已然成为一种高效的营销策略。

在这个平台上做裂变营销，商家可以轻松吸引大量用户的关注，也很容易将公域流量转化为私域流量，从而实现销售转化。此外，相较于传统的广告营销方式，抖音裂变营销的成本也很低，商家只需要创作优质的内容，获得好的互动数据，便可在平台获得数百万甚至上亿的流量，这样一来，营销信息就能得到广泛传播，品牌也能获得最大范围的曝光，商家或者企业也可借此机会获得大批量的忠诚用户。

另外，抖音平台还能提供丰富的数据分析工具，商家可以实时跟踪用户参与情况。视频的点赞量高代表着用户对你创造的内容非常喜欢，代表着你的内容很具有吸引力；评论量高代表着你的内容很具有吸引力和争议性；转发量高代表着你的视频内容能引起用户共鸣，对他们价值很大；收藏量高代表着视频内容对用户有实用价值或情感价值，收藏是为了方便他们重复观看。

这些数据为商家提供了宝贵的营销洞察，能帮助他们优化裂变方案，提高裂变效果。同时，商家还可以根据数据分析用户的年龄、职业、性别、地域等，从而精准定位目标用户群体，最终实现精准裂变营销。

以上就是抖音裂变的各种优势。我们在抖音开展裂变营销时，可以从以下几个方面入手。

第一，明确目标受众

了解目标受众的兴趣、需求和行为特征，明确目标受众属于哪一类人群，这是开展裂变营销的第一步。营销策划者心中只有明确目标，才能制作出符合他们喜好的内容，才能保障裂变能一针见血，有好的传播效果。

第二，制作引流视频

了解了目标用户之后，我们可以根据目标用户的需求，制作吸引他们的引流视频，以此引导目标受众关注账号。

第三，选用合适的推广方式

获得第一批"种子用户"之后，我们就要通过付费推广、社交媒体推广、KOL 合作等方式，进一步裂变出更多的用户。具体来说，如果你公司

的预算空间比较大，那么就选择付费推广，这种推广方式简单直接，能够精准锁定客流，裂变效果也非常明显；如果你的预算不足，但是有强大的社交网络，那么你可以借助社交媒体的力量进一步扩散，这样也可以取得好的裂变效果。总之，推广方式不是一成不变的，我们需要根据自身的实际情况选择。

第四，持续优化内容

优质的内容是客户裂变的根本。很多人之所以愿意聚集在你这里，是因为你的内容对他们有深深的吸引力。了解了这一点之后，我们就要根据用户反馈和数据分析，持续优化内容，提高视频质量，确保视频内容有趣、独特、有吸引力。

第五，加强与粉丝互动

抖音裂变营销要注重与用户的互动。具体来讲，商家可以设置各种互动环节，引导用户评论、点赞、分享等，增强用户的参与感和归属感。另外，还可以积极回应用户的评论和私信，与他们保持良好互动，增强他们的好感和忠诚度。这种互动性使得裂变营销信息更容易被用户接受和记忆，从而提高裂变效果。

以上就是抖音裂变的基本流程。企业或者商家在利用这些流程裂变之前，还可以提前制定相关的裂变策略。比如，有意制造一些话题，通过有趣的话题讨论，吸引用户参与并分享，增加粉丝数量；利用"爆点产品＋限时抢购"的营销策略吸引用户关注；与知名网红或关键意见领袖合作，利用他们的知名度吸引更广范围的用户；采用优惠券、折扣、返现等营销手段激发用户的购买欲望，促进销售转化；结合抖音平台的特色功能，如直播、短视频挑战赛等，开展丰富多彩的营销裂变活动，提高用户的参与度和黏性。

例如，《拜托了冰箱》在节目播出期间，就推出了抖音短视频挑战赛。该节目的制作方邀请用户模仿节目中明星选手制作料理，并在抖音上发布。这场裂变活动一发布，很快就引爆网络，无数粉丝热情参与，并积极转发。据统计，该活动期间，抖音上的相关视频播放量超过 10 亿次，参与人数达到 1 600 万。该节目凭借高超的裂变能力，获得了极高的收视率，同时也达成了用户增长的目的，该节目的品牌影响力和关注度也得到了大幅提升。

总而言之，随着社交媒体的不断发展，抖音成了最受欢迎的社交媒体平台之一。许多企业和个人纷纷入驻抖音，希望通过抖音来实现裂变营销，增加品牌知名度和用户数量。我们也要抓住这波时代的红利，积极采用上面的营销策略和流程，为自己争取到更多的用户。

 视频号裂变的八种玩法，助力粉丝狂飙式增长

微信如今已经有超过 10 亿的月活跃用户，视频号作为微信生态的一部分，能够直接利用这一庞大的用户基础进行内容传播。企业和个人利用视频号传播裂变好处非常多，具体可以罗列为以下几点。

第一，视频号支持短视频、直播等多种形式的内容创作，为创作者提供了丰富的表达形式，这些丰富的表达形式可以有效吸引用户前来关注。

第二，视频号有便捷的分享功能，裂变营销者只需要合理引导，便可以让用户轻松将要扩散的内容分享到自己的朋友圈、微信群，甚至可以直接转发给微信好友，这样一来裂变效果便有了极大的保障。

第三，视频号背靠微信生态，营销策划者可以利用这天然的优势与用户形成有效的连接，通过聊天、精准推送等方式，增强与用户的互动，培养用户的信任感，提升品牌的传播效率。

第四，视频号可以根据用户的兴趣爱好推送相关内容，提高用户体验。这种个性化的推荐也有利于裂变传播的有效展开。

第五，视频号入驻的门槛很低，新人入驻还会有流量扶持，只要你的内容优质，那么用户就会有很好的互动反馈，平台会根据你高质量的互动数据给你推荐更多的流量，这样一来你的品牌和产品便可以获得高曝光

量，你也会因此获得更多新用户的关注度。

以上就是视频号裂变的五个优势。当然，也正是因为它具有诸多优势，这才使得视频号裂变成了一种有效的社交媒体营销手段。下面让我们一起盘点一下视频号裂变的八种玩法，以此帮助大家实现粉丝狂飙式增长。

第一，视频号直播裂变

视频号直播裂变的活动路径是这样的：通过海报扫码进入活动—点击预约视频号直播—审核成功，添加企业微信—推送专属海报，邀请好友助力。这四个步骤是视频号最常见的裂变玩法。借助这个玩法，企业可以将视频号的公域流量直接沉淀进私域流量池中，此后可以借助转化过来的客户进行裂变或者反复推销。

第二，视频号直播裂变 + 付费解锁

"视频号直播裂变 + 付费解锁"的活动路径是这样的：通过海报扫码进入活动—点击预约视频号直播—邀请好友助力得奖品—支付 ×× 元成功解锁奖品。通过付费解锁的方式可以过滤掉"羊毛党"，从而使得裂变客户更为精准。

第三，视频号直播 + 红包裂变

"视频号直播 + 红包裂变"的活动路径是这样的：通过海报扫码进入活动—点击预约视频号直播—邀请好友助力得红包—现金红包实时到账，用户获得微信零钱奖励。这个裂变方式是以红包为"诱饵"展开的，最后裂变效果非常显著。很多用户就是因为看中红包而转发分享的，这种简单直接的奖励方式更容易打动人心。

第四，视频号粉丝裂变

视频号粉丝裂变的活动路径是这样的：通过海报扫码进入活动—关注视频号，截图审核—审核成功，添加企业微信—推送活动规则和活动链接。如今科技进步得非常明显，人工智能技术也得到了普遍的运用，在利用粉丝裂变的过程中，我们可以将部分任务交给 AI 处理，如 AI 自动审核关注截图，准确率能达到 98%。这样处理起来裂变效率会更高一些。

第五，视频号直播裂变＋线下核销

"视频号直播裂变＋线下核销"的活动路径是这样的：通过海报扫码进入活动—点击预约视频号直播—邀请好友助力，获得核销码—核销员扫码核销成功—持核销码到线下兑换奖励。采用这种方式裂变时要记得核销机会只有一次，核销成功后不可再次核销，否则会得到操作失败的提示。

第六，视频号粉丝裂变＋付费解锁

"视频号粉丝裂变＋付费解锁"的活动路径是这样的：通过海报扫码进入活动—关注视频号，截图审核成功—分享海报，邀请好友助力—支付××元，解锁活动奖品。这种方式与第二种裂变方式有一定的相似之处，只不过这种方式操作起来更复杂一点。

第七，视频号粉丝裂变＋卡密兑换

"视频号粉丝裂变＋卡密兑换"的活动路径是这样的：通过海报扫码进入活动—关注视频号，截图审核成功—邀请好友助力，获得兑换码—点击链接输入兑换码兑换奖品。商家可以通过这种方式同时给小程序、App、课程平台、自有平台等导流。

第八，视频号粉丝裂变 + 线下核销

"视频号粉丝裂变 + 线下核销"的活动路径是这样的：通过海报扫码进入活动—关注视频号，截图审核成功—邀请好友助力，获得核销码—持核销码到线下核销奖品。

以上就是视频号裂变的 8 种玩法。通过对这些玩法的详细描述，我们可以发现，方法基本都是相同的，只不过在细枝末节上做了一定的创新和改变。大家在使用视频号裂变时可以根据实际需求自由组合这几种玩法，争取让自己的裂变玩法别具一格，更具吸引力。

🧑‍🤝‍🧑 记住这份超实用的直播裂变攻略

如今的直播是一个很热门的行业。据相关数据，目前中国网络直播用户规模达到 8.16 亿，占网民整体的 74.7%。背靠如此强大的用户基础，如果不利用直播策划裂变活动，那就白白浪费了这么好的资源。

通常来讲，利用直播裂变可以在短时间内吸引大量新用户，从而增加直播间的流量和曝光度。如果你的直播内容足够优质，能获得用户的喜爱，那么你的裂变信息会像病毒一样传播开来，从而为你的品牌打开知名度，而且这种口耳相传的方式，更容易让用户相信。

另外，在直播裂变过程中，用户邀请的好友往往具有相似的兴趣和需求，这使得直播间能够更精准地定位目标用户，这样一来后续裂变的转化

率会更高一些。

最后，在直播裂变过程中还可以设置各种互动和奖励的环节，这样不仅可以增加直播间的趣味性，而且还能增强用户的归属感和忠诚度。

总而言之，直播裂变具有诸多优势，它可以帮助企业在没有充足预算的情况下也能大规模宣传，收获大批量的新用户。

关于直播裂变的成功案例非常多。这里我们就以贝壳找房为例，贝壳找房在微信公众号开启了一场名为"房东秀"的裂变活动，活动鼓励用户直播自己的房子，分享自己的租房经历。关于找房租房的经历对于成年人而言实在太多了，其中的辛酸和感悟很想说给别人听，而贝壳找房恰好给了他们这样一个机会，于是大量用户参与了这场直播裂变。而贝壳找房也凭借这场高人气的直播活动达到了用户增长的目的。

了解了直播裂变的好处和成功案例之后，我们接下来再为大家详细解析一下直播裂变的几个攻略。

第一，做好直播前的准备

在直播之前要给自己的直播做好定位。具体来说，就是你的直播想吸引什么类型的用户群体；为了吸引他们的关注，你会在直播时做哪些努力；你的直播风格是什么样的，什么样的风格更能迎合目标用户的审美；通过直播要达成什么样的目标等。

等你给自己的直播做好定位之后，接下来就可以开启宣传活动了。建议大家提前一周通过图文或者视频的形式宣传直播活动，提高自己的曝光度，这样直播的时候人气才会更高一些。

另外，我们还要选择好的直播平台。如今直播的平台有很多种，抖音、快手、视频号、虎牙、斗鱼、荔枝微课等，几乎每个 App 都有直播功能，我们要根据自己所从事的领域选择合适的平台，以一个为主、多个为辅的策略展开活动。如果你的企业有足够多的人手，也可以全平台直播，这样可以更多地辐射到目标用户。

当然，对自己有了明确的定位之后，我们也应该围绕定位，准备相应的直播内容。具体来说，就是在直播之前，提前写一个直播的大纲，大纲要围绕某个特定的主题展开，这样才不会让用户觉得你的直播杂乱无章、索然无味，从而离开你的直播间。

最后，我们还要准备好一些直播裂变的工具，以此激励用户分享传播。通常来讲，直播裂变的吸粉道具有以下几种。

（1）弹幕展示屏。这个道具可以增加直播间的互动，从而更好地抢夺用户注意力，减少用户的流失。同时也可以展示最新的活动、优惠信息或其他相关内容，以此吸引用户的注意力。

（2）虚拟礼物。设置这个功能，可以让用户通过打赏的方式赠送给你花朵、火箭等虚拟礼物，从而增强直播的趣味性和互动性。

（3）互动抽奖转盘。互动抽奖转盘可以增强观众对直播的参与度，激发其购买欲望。

（4）背景道具。根据直播主题或产品特点选择合适的背景道具作为装饰，这样可以增强观众的视觉体验，提升直播间的吸引力。

（5）人气榜。人气榜可以展示用户的送礼金额，评论数的排名等，这

样可以激发用户的竞争兴趣，提高品牌的曝光度和影响力。

以上就是直播时常用的一些吸粉道具，大家在开播前准备妥当，这样可以提升直播间的活跃度，增加直播间的粉丝量。

第二，拉新与互动

引入新颖话题和独特视角，优化直播内容，可以提升用户的体验，提高他们的留存率。等到用户停留之后，我们可以定时开启直播间大转盘、抽奖、红包等福利活动，激发用户参与的兴趣。当然，还可以设置答题、竞猜等互动环节，提高用户的趣味性和黏性。等到前面的铺垫工作做得差不多了，那么后续引导用户入群，以及促使其转发分享的难度就会大大降低。

第三，数据分析与优化

运营者要定期分析直播数据，了解传播效果和用户反馈。然后大家可以根据数据分析结果，优化直播内容和裂变策略，这样裂变活动才能取得更为理想的成绩。

大家要根据目标受众的活跃时间，安排直播裂变活动。这样才能提升直播间的人气，从而更好地实现用户增长和品牌影响力的提升。

Part 4 留存篇

解锁用户留存密码，
助力裂变成果稳固扎根

　　裂变活动结束之后，我们要考虑的便是用户留存的问题。运营者只有把用户留存做好，才能牢牢保住裂变的成果，倘若不然，那么前面的各种辛苦策划，都会打了水漂。那么具体来说，我们应该如何做好客户留存的问题呢？本章我们从优化客户体验、精细化运作、话题互动、利益捆绑等角度为大家解锁用户留存的密码。

第十章
用户留存是真章，
莫让裂变成为空谈

盘点客户流失的几大原因

为了扩大自己的经济效益，很多商家和公司都会策划一系列的裂变活动，引流拓客。经过诸多的努力之后，裂变效果初见成效，但接下来又一个困扰大家的问题横空而出——裂变而来的客户流失率非常高。看着自己好不容易裂变而来的客户白白流失，很多营销者心里很不是滋味。那么这个时候，我们应该怎么办呢？

下面我们一起盘点一下客户流失的几个原因，明白了流失的原因之后，我们就能在以后的社群管理工作中查漏补缺，有的放矢，有效地挽留客户，保住裂变的成果。

第一，缺乏良性的互动

很多运营者在把客户聚集在一个社群之后，就给社群里安装上机器人，然后任由机器人自动回复用户的问题，自己则对客户不管不顾。这样用户感受不到你的诚意，也感受不到社群的温暖，甚至有时候他们还会因为机器人自动化的回复苦恼。在这种情况下，用户流失是一件必然会发生的事情。

第二，糟糕的用户体验

有些客户在红包的诱惑下进入了某个购物的社群，结果在这里买了几单，发现产品根本没有所展示的那么好，找客服退货，却迟迟得不到回复。有了这次糟糕的购物体验，客户早已对这个社群失去了信任，所以后期他会毫不犹豫地退出社群。

第三，用户被过度骚扰

有些商家在把客户吸引过来之后，会迫不及待地推销自己的产品或者服务，或者要求客户做这做那，完成各种任务，每天十几条信息狂轰滥炸，这会严重打扰到用户的正常生活。用户在不堪其扰的情况下，会自动逃离这个是非之地。

第四，承诺未兑现

很多商家在裂变的时候承诺给客户各种好处，如积分兑换、优惠打折、赠送礼物等。但是一旦将用户纳入囊中，便出尔反尔，找各种理由和借口不给予兑现。这种食言而肥的举动一定会惹恼客户，客户在流失的同时还会向其他亲朋好友传播各种商家的负面信息，这样商家就会名誉扫

地，得不偿失。

第五，产品不再符合用户的期待

有时客户之所以愿意关注你，进入你的私域流量池，是因为你的产品风格符合他的审美需求。但假如有一天，你的产品不再能满足他的需求时，那么流失便是再正常不过的事情了。

第六，运营者的服务意识淡薄

有些客户抱着试一试的态度进入你的社群，结果进来之后发现运营者的服务态度实在是太差了。要么语气傲慢，要么不理不睬，要么语气生硬，要么烦躁刻薄，这些举动严重引起客户的不满，于是他毫不犹豫地选择退群。

第七，竞争对手的冲击

现在是一个信息透明的时代，如果你的产品质量和价格不成正比，或者性价比不如竞争对手高，那么很快就会被用户获悉。而趋利避害是人的本性，用户为了追求更高性价比的产品，也会弃你而去的。

第八，社群内的产品或者服务过于单一

有些客户也许为了一点福利误打误撞，进入你的社群。结果进来之后发现，你群里的产品过于单一、产品同质化又比较严重，这很显然无法满足他的需求，于是退群便成了他最好的选择。

第九，单纯地依赖口碑和推荐

有些商家依赖口碑和推荐获得了不错的客源，但是后期他们不会主动跟进客户，也不愿意花时间维护与客户的关系，久而久之，客户也会慢慢

流失。

以上就是客户流失的几个主要原因。如果你的私域流量池也有客户流失的困扰，那么不妨把这些流失的原因与自己一一对照，相信通过详细的排查，你能找到原因，从而及时纠正，及时止损。

如何读懂用户的留存指标

经过前期一系列的裂变引流操作之后，我们接下来要考虑的就是客户的留存问题。众所周知，客户的留存率越高，代表着裂变的成果维护得越好。本节，我们带大家一起了解一下用户留存的各种指标。我们只有读懂这些留存指标，才能更好地根据实际情况，调整好留存策略，巩固裂变成果。一般来说，看客户留存得好不好，可以通过流量池中客户的流失率和留存率来判断，也可以通过日活跃用户数和周活跃用户数判断。

客户的留存率可以通过下面这个公式计算：

留存率＝在第一天新增的用户中，在往后第 n 天仍然使用该产品的用户数除以第一天新增的用户数，再乘100%。

一般情况下，这里的 n 通常取 2、7、30。按照数据分析的惯例，我们会统计客户的第二天、第七天和第三十天的留存率。

第一，次日留存率

即用户使用后第二天的留存率。这个数据可以帮助我们判断裂变渠道

的优劣。如果你的次日留存率不高，那么就要考虑是否减少渠道的投入，或者是否修改引流的策略。

第二，七日留存率

即用户使用后第七天的留存率。在这七天的时间里，用户基本上对产品或者服务有了完整的体验，如果这个时候留存率不理想的话，那么我们就要反思自己的社群维护工作是否没有做到位，产品或者服务是否需要进一步优化。

第三，月留存率

即在新增日后的第三十日统计收集的数据指标。如果月留存率不高的话，那么我们需要根据用户反馈，作出进一步的优化调整。平时加强与用户的沟通和互动，积极回应用户的异议和困惑，努力优化每一处细节，以此提升用户的满意度和留存率。

以上就是按照时间线整理的客户留存指标。我们可以根据这些指标，进一步完善社群的运营，以此满足用户不同阶段的不同需求。我们只有把用户留住了，后续才能展开各种激励模式，促使其完成二次裂变。

做好用户引导工作，优化用户体验

经过前面一系列的裂变活动之后，我们吸引到一大批精准用户，这个时候，一定不能麻痹大意。裂变活动的结束并不意味着真正的结束，此时用户的留存显得尤为关键，如果留存做不好，那么之前的裂变活动就相当于白策划了。为了留存好裂变的成果，我们可以从以下几个方面入手，做好用户的引导工作，优化他们的体验，从而为二次裂变打好信任基础。

第一，让用户尽量熟悉平台

用户初来乍到，对留存他们的平台还不熟悉，这时候很容易因为陌生感而悄悄流失。所以，聪明的运营者会给予用户及时的引导，让他们熟悉平台，并且对平台上的内容感兴趣，从而愿意继续待在平台体验产品，感受品牌的文化和魅力。

下面我们就以"VIPKID 亲子阅读"这个公众号为例说明。当新用户关注它之后，它会第一时间发送一段欢迎话术："您好，终于等到您，免费送您一节外教一对一直播试听课哦，赶快点击链接领取吧！"这段话既表达了平台对用户相见恨晚的珍惜之情，同时还用一节免费的直播试听课表现自己对用户的诚意。用户感受到平台的诚意，自然会留下来继续观察，继续体验。另外，为了让用户了解这个平台，VIPKID 亲子阅读还在简介部分写了这样一段话："VIPKID 旗下亲子教育交流平台，这里有落地的教育理念、海量的英语学习资源和丰富的纪录片解读推荐！您的视野决定孩子的未来，欢迎关注我们，陪孩子一起成长……"清楚明晰地为用户介绍了自己的平台业务，给用户带来很强的价值感，这样引导性的话术很容易激发用户的好感，从而让用户长久地留存下来。

当然了，用户的留存渠道有很多，除了我们刚刚说的公众号之外，还有微信群、个人微信账号、企业微信账号、视频号、小程序等。留存渠道

不同，引导性的话术也不同。不过不管使用哪个渠道留客，我们一定要记得树立自己专业、温暖的个人与品牌形象，同时还要保证推送的内容具有价值感，切忌生硬无聊，这样才能给用户留下一个好的体验。

第二，个性化推荐

根据用户的兴趣和需求，精准推送符合用户需求的内容。这种个性化的服务可以提升用户的体验感和满意度，提高用户的留存率。至于如何展开个性化的服务工作，我们在下一节的内容里会详细描述，这里就不再赘述了。

第三，定期更新和升级产品

运营者可以不断推出新产品或新服务，并告知用户这些新的产品和服务会给他们带来什么价值。这可以激发用户的好奇心和使用兴趣，促使他们持续关注和使用产品或服务。另外，我们还要积极询问，引导客户说出对新产品或者新服务的异议、困惑，如果真的存在问题一定要通过在线客服、电话、电子邮件等多种渠道为他们答疑解惑，从而博得用户的青睐和好感。

第四，定期做用户调查

为了精准获取用户的需求和反馈，我们需要定期对用户展开调查，你既可以口头询问，也可以通过调查问卷的形式引导用户说出心里话。引导结束之后，我们就可以根据调查结果，及时调整产品或服务策略。这一步骤也可以更好地提升用户的体验感。

第五，用奖励制度引导用户参与

我们可以为新用户设置专享优惠，以引导其积极参与相关的活动。也可以设置积分兑换、等级晋升等机制，增强他们的参与度和忠诚度。总之，不管采用哪种激励方式，都是为了最后加深用户对平台的印象，从而提升他们的留存率。

用户留存是企业维持和扩大用户基础的关键因素之一，我们只有把留存工作做好，之前的裂变活动才有意义。在日常工作中，我们可以从以上几个方面入手，加以引导，这样才能有效提升用户的满意度和忠诚度，从而更好地让其为企业的效益贡献自己的力量。

精细化客户运营，提高留存率

根据相关的调查显示，一个企业的留存成本大约是获客成本的1/5。这也意味着维护现有顾客关系比获取新顾客更加经济，做好用户留存才是一个企业的明智之举。而要想做好用户留存，离不开精细化的客户运营。精细化的运营更能准确地识别和理解用户需求，直击用户的痛点，从而更好地满足用户需求。另外，精细化的运营，个性化的推荐、贴心的服务关怀能不断提升用户对品牌的感知度和依赖性，也为用户的二次转化和复购奠定良好的信任基础。

总而言之，做好用户的精细化运营意义重大，好的精细化运营是提升

用户留存率的关键所在。在具体的实施过程中，大家可以从以下两个方面入手，细化用户。

第一，根据用户的基础属性划分

在前面的内容中，我们也讲过，用户的性别、年龄、职业、地域、受教育程度、收入水平等均会影响其具体的行为。所以在运营之前先根据他们的这些基础属性，对用户做基本的划分。划分完毕之后，再针对具体情况做日常的管理和维护。

第二，根据用户的行为划分

用户的参与程度不同，留存手法也不一样。我们可以根据用户登录、打开、浏览时长，以及消费行为等，将用户分为没有任何行动的潜在用户；仅参与过试听或者试用，但未产生购买行为的普通用户；有过购买行为的重点用户；以及有过多次购买行为的核心用户。

针对那些没有参与的普通用户，我们要做的就是采取各种措施，建立他们的信任感。这样用户才愿意留下来，从而为后续的购买或者裂变创造可能。对于重点客户，我们需要用激励手段不断激发他们购买和分享的欲望。而对于核心用户，我们则需要不断了解他们的内心需求，然后根据他们的具体需求，提供个性化的产品或服务。

以上是细化客户的两个标准，通过这些标准，我们可以给目标用户打上准确的标签，这样一来，我们的运营工作就能有的放矢，效率翻倍。

当然，在精细化的运营过程中，我们除了要了解相关的方法技巧以外，还要掌握一些精细化运营的工具，有了这些工具的助力，我们才能更高效地管理社群，提高用户参与度。

第一，石墨文档

石墨文档是一款轻便、简易的中文在线文档。运营者可利用其多人协作编辑文档的功能，提高自身的工作效率和沟通效率。另外，石墨文档还允许运营者按照不同维度对文档进行分类和标记，这也有利于其精细化管理客户。最后，石墨文档还提供了多种搜索条件和过滤器，这样一来，运营者可以根据当初创建的标题关键词高效搜索用户的相关资料。

第二，问卷星

问卷星是长沙冉星信息科技有限公司旗下的一个专业的在线问卷调查、考试、测评、投票平台，专注于为用户提供功能强大、人性化的在线设计问卷、采集数据、自定义报表、调查结果分析等系列服务。

我们通过问卷星的问卷功能，可以收集用户的基本信息、使用习惯、偏好等数据。然后根据收集到的数据，将用户按照不同的特征进行分类。另外，我们还可以利用问卷星的即时反馈功能，及时收集用户对问卷的反馈意见，了解用户对问卷的满意度和改进建议。此外，我们还可利用问卷星的数据分析功能，对用户数据进行深入挖掘和分析，发现用户的潜在需求和趋势。最后，我们还可以利用问卷星的分组管理功能，将用户按照不同的特征或需求进行分组管理。

第三，社群通

社群通是目前中国最大的社群营销平台。目前该平台已拥有 10 000 多家社群，它依托自有的强大社群资源，将营销内容点对点地呈现在微信、

QQ、微博、陌陌、朋友圈等多种社群场景中，直接送达目标消费群体眼前。除此之外，该平台还具有强大的多维定向能力，能够轻松瞄准目标用户，实现精准投放和多样互动，助力品牌营销目标的实现。

除了上面介绍的这些管理工具之外，还有很多，如创客贴、接龙管家、微阵地、小裂变、星耀任务宝等，均可辅助运营者进行精细化管理。在这里我们就不一一赘述了，大家如果感兴趣的话可逐个尝试，每个工具都有其独特的优势，运用好这些工具不仅可以帮助企业或者商家留住客户，而且还有利于后续的转化。

巧妙设计互动，更好地留住用户

通常来说，每个社群都有自己的生命力，而且社群的生命周期大致分为五个阶段：新手期、成长期、成熟期、衰退期和流失期。为了保持社群的活力，最大限度地留住用户，我们需要设计一系列互动的环节，这些有趣的互动环节可以激发用户的兴趣，提高用户的参与感，降低用户的流失率。

那么具体来讲，如何设计互动环节呢？以下是几个参考方案，大家不妨借鉴一二。

第一，推送有趣的话题

在社群里，如果没有相关的话题可以讨论，那么群内就会一片死寂，用户待久了就觉得这个社群没有任何价值，于是悄悄退出社群。为了避免这种情况发生，运营者需要引进和社群领域相关的话题，鼓励大家积极讨论，每个人都可以发布自己的见解，大家你一言我一语，就会让整个社群活跃起来。而用户互动得多了，自然就体会到了社群的价值，也就打消了退出的念头。

第二，设置打卡环节

这里的打卡可以是签到，也可以是转发，总之只要完成任务，就可打卡获得积分，而积分可以兑换礼物，或者享受某种福利。这个操作既活跃了社群，又筛选出高质量的用户，同时增加了用户对社群的依赖，正可谓一举多得。

第三，设计群访谈

运营者可以化身为"记者"对用户展开访谈，采访其成功的经验，对某个产品或者服务的看法，引导其讲述裂变的故事等。这种访谈方式可以给用户带来新奇感，尤其是对于被访者而言，作为发言的代表，内心会产生一种优越感，从而加强对社群的忠诚度。

第四，进行群表彰活动

对于那些互动情况好的用户，社群管理员可以召开表彰大会，会上对他们的行为予以表扬和鼓励，这样会让他们产生一种荣誉感，从而在今后更加积极地参与社群建设。另外，借助这个表彰活动也能激励其他潜水的用户，加强互动，积极参与社群活动。

第五，展开群联欢

运营者可以和社群的用户约定在某个特定的时间召开一场群联欢会，

会上大家可以唱歌、讲故事、分享心得体会、吐槽某些东西等。在联欢会上大家踊跃发言，不仅可以活跃社群氛围，还可以加深用户对社群的印象，更可以加强用户之间的凝聚力。

第六，举行线下活动

运营者也可以组织用户开展线下活动，活动上可以鼓励分享产品的使用心得，也可以让用户针对产品或者服务提出各种宝贵的建议，还可以让群成员互相学习交流等，通过这些方式可以提高用户之间的信任感，也能提升大家的参与感。

以上就是社群常见的几种互动形式，采用这些方式方法可以很好地留存用户，增加用户对社群的依赖，培养用户的忠诚度，从而为后续的转介绍，以及消费创造更多可能。

引爆话题，让用户"陪伴成瘾"

在前面的小节里我们也提到过与话题相关的内容，也认识到话题对于客户留存的重要性，本小节我们接着围绕"话题"展开。

作为一个社群运营者，如果此时的你也正在因为群成员互动少，社群氛围沉闷而发愁，那么不妨认真阅读本节的内容，本小节我们从三个层面入手，为大家详细讲述如何创造话题、如何寻找热门话题、如何引爆社群话题，相信读完之后，对你的社群管理会有很大的启发。

第一，创造话题

当你发现自己的社群冷冷清清，僵化现象严重时，就要积极主动地创造话题，为用户提供一定的谈资。大家在话题的牵引下，才能进一步恢复社群的活力。那么具体来说，如何创造话题呢？

首先，我们将社群进行分类。运营者可以按照兴趣、事件、关系、地域、技能、价值等标准为社群分类。比如你从事的是一个写作课程的培训，你可以按照讲授的主题对社群进行分类，如"蜜蜂写作——亲子文训练营""蜜蜂写作——娱乐文训练营""蜜蜂写作——商业软文训练营""蜜蜂写作——小红书训练营"等。

其次，深度挖掘话题。在明确社群主题的基础上，再进一步挖掘话题。在挖掘的时候，如果你没有灵感，不妨找一找各个平台的热搜榜单，如微博热搜榜、百度热搜榜、头条热词、抖音热搜榜、快手热搜榜、微信指数等。上面挂着的都是当下最热门的话题和事件，若是这些话题和事件与你的产品服务有一定的关联，那么可以直接把它们复制下来放在群里讨论。

最后，评估话题质量。每一个话题都有无数个切入点，每个切入点受欢迎程度并不一样。所以，运营者要让核心成员或者选取社群中的一小部分群成员进行评测，从中选取有热度、有深度、受众接受度强、有可持续性和延展性的话题，发送到社群中。

根据这三个步骤，运营者就可以创造出一些高质量的话题。而群里有了这些话题引导，便不再冷冷清清了。

第二，学会寻找热门话题

热门话题是社群里互动性和讨论性最好的话题，有了这些话题加持，社群成员的积极性就能被调动起来。通常来讲，社群热门话题可以分为人、事、物三个类型。

与"人"有关的常用话题有情感共鸣型、成长经历型。如某个亲子培训班的老师跟群里的家长聊自家孩子，围绕孩子讲述的故事引发家长们的共鸣，于是她们情绪的大门瞬间被打开，讨论起这个话题自然是滔滔不绝，这样社群就活络起来了，大家也会因为共同话题，而选择留存下来。与"事"相关的话题有热点事情、行业揭秘、社会民生、明星八卦等，如"秋天的第一杯奶茶""羽绒服造假""××明星因为恋情曝光，负面新闻缠身"等各种热门事件，拿出来讨论，可以加深大家的感情，拉近彼此之间的距离，同时也能趁机输出自己的产品信息等。与"物"相关的话题有热门的人工智能、AR 和 VR 技术等类型。

熟悉了热门话题的基本类型之后，运营者就可以根据自己的需求，寻找群成员喜欢和感兴趣的话题了。

第三，引爆社群话题

运营者要想引爆社群话题，需要注意以下几个方面。

（1）找准关键意见领袖。识别并利用关键的意见领袖，让他们带头发言。有人打头，后面就会有追随者，紧接着发表自己的意见。

（2）营造沸点场景。创造或利用能激发讨论和互动的情境，为引爆话题做好铺垫。

（3）活动预热。设计预热小游戏，如有奖问答、红包抽奖、准点抢答等，吸引大家的注意力。等到用户的注意力全部放在社群之后，就可以酣畅淋漓地发言了。

（4）话题引导。通过提问的方式引导成员深入探讨，如"大家觉得什么样的睡觉姿势是最舒服的？""你们觉得什么样的教育方式是最值得倡导的？"等，群主用问题牵头，鼓励用户积极发言。

（5）建立奖励机制。定期表彰积极参与讨论的成员，给予一定的物质奖励或荣誉，激励其他成员积极参与。

（6）倾听与干预。运营者要耐心听取社群成员的反馈，并经常给予其回应和鼓励。当你发现讨论的话题偏离主题时，要适时引导，确保社群氛围的积极和活跃。

大家在引爆话题的时候要遵守以下三个原则。

首先，话题本来就是让大家讨论的，如果你发送的话题过于专业晦涩，那么大家讨论的兴致便会大大降低。所以降低话题门槛是运营者需要遵守的第一个原则。其次，话题要与社群的主题一致。比如你是一个写作培训班，那你可以将最近的热点新闻拿出来，然后和学员们一起讨论：针对该新闻可以有哪些写作切入的角度，也要把控好话题发布的节奏，过于频繁会打扰用户正常的生活。最后，如果用户正在讨论一个话题，那就不要再引入另外一个话题，留足互动的时间和空间才是明智之举。

以上就是引导话题时需要遵守的三个原则，除此之外，还有三个雷区切勿踩踏：第一，话题无聊。如果我们引入的话题本身讨论度不高，或者

没有引起用户的兴趣，反而会加速其离群的脚步。第二，话题照搬。有些话题适合别人的社群，但不一定适合自己的社群，所以不要东施效颦，否则只会让用户失去对社群的兴趣。第三，话题缺乏价值。有些话题虽然热度很高，但是它无法给用户带来价值，也满足不了用户的利益需求，所以把这类话题搬过来，用户也会有流失的风险。

优质的话题是提升用户留存率的关键所在。如果一个社群里没有好的话题，那么社群氛围就无法活跃起来，用户也无法感受到社群的乐趣和价值，最终他会产生离开的念头。要想改变这一现状，大家可以按照本节介绍的方法操作，相信经过一系列的调整和优化，你的社群又会重新焕发出活力。

打造客户归属感，延长其留存时间

何为归属感呢？它是指个体与所属群体间的一种内在联系，是某一个体对特殊群体及其从属关系的划定、认同和维系，归属感则是这种划定、认同和维系的心理表现。

客户归属感对于企业来说至关重要。打造客户的归属感，可以让客户产生一种"社群是我家"的感觉，这种温馨美妙的感觉使得客户愿意长久地停留下来，从而提高用户的留存率，同时归属感还能增强用户对品牌的忠诚度。当客户有归属感时，他们更可能进行重复购买，并向他人推荐你的产品或服务。

那么作为商家或者企业应该如何打造客户的归属感呢？以下是两个有效的建议。

第一，日常互动要引发客户的共鸣

要想让客户产生归属感，企业传递的信息要引发客户的共鸣。这种内心的震撼与共鸣可以唤醒消费者对品牌的情感，拉近客户与品牌间的距离，最后还会促使用户成为品牌的忠诚拥护者。

在日常的客户维护中，我们应该怎么做才能引发客户的共鸣呢？首先，我们要准确地抓取用户的需求和痛点。其次，在你的互动内容中加入一些场景化的描述，这样也可以唤起客户内心的回忆和共鸣。那么什么是场景化的描述呢？场景化的描述通常是指在特定的环境和情境中，通过元素的组合和布局，创造出一种特定的氛围和体验，使得消费者能够感受到某种特定的情感和态度。这种描述能唤起用户深深的渴望和共鸣，所以能成功地留住客户。

第二，真心对待客户

俗话说："百术不如一诚。"真诚才是必杀技。我们需要以真诚之心对待用户，这样才能真正抓住用户的心，给他们家一样的归属感，赢得他们的信任，留住他们远去的步伐。我们这里说的真诚绝不仅仅停留在表面上，或者只是喊口号，而要付出实实在在的行动。

例如，永远用和善温暖的口吻和用户说话，哪怕他提出一些不合理的要求，我们也要尽可能用真诚和微笑化解其异议，这样才能展现我们自身的专业和真诚，给其他用户也留下良好的印象。再如，经常保持与用户的沟通和联系，了解他们的处境，满足客户的需求；对于客户的反馈积极回应并表示感谢，根据客户的反馈不断改进产品和服务，追求更高的客户满意度。

总而言之，真诚是让客户产生归属感的重要条件。如果你待客户真诚友好，那么客户就会把你当亲人，把社群当成家。但如果你对待客户敷衍冷漠，那么客户也会觉得你像陌生人一样，你所经营的社群对于他而言也是可有可无的，他随时都有流失的风险。

以上就是提高用户归属感，提高用户留存时间的两个有效方法。如果你的用户流失严重的话，可以试一试，相信使用之后，客户的留存率会有所提升。而用户的留存率提高了，那么你裂变的成果就保住了。

 利益捆绑，让客户欲罢不能

利益在留存用户方面发挥着至关重要的作用。有了利益做保障，用户的需求和期望就能得到满足，用户的黏性和忠诚度也能得到提升。而且利益捆绑以后，还能促进用户的口碑传播，提升用户价值。

了解了利益的重要性之后，我们接下来为大家盘点一下利用利益留存客户的一些方法和策略。

第一，为忠诚用户提供优惠

在群里有一些活跃度非常高的用户，他们积极参与社群活动，多次购

买社群推荐的产品，同时也乐于为社群介绍新的用户。对于这类忠诚的用户，我们可以给其提供特定的折扣或优惠，如会员日优惠、积分兑换等。也可以让客户通过累积消费提升等级，享受更多优惠和特权。这一系列的优惠政策可以更好地锁牢忠诚用户，从而使其长期地为社群做贡献。

第二，在社群里下红包雨

抢红包是社群用户的一大乐趣，大家抢的红包越多，获得感就越多。运营者在社群发红包的时候要设置一个合理的理由，比如"感谢大家一直以来对社群的支持""中秋节快乐，预祝群里的每一位成员合家团圆，幸福平安""××限时优惠，欲购从速"，在发红包的同时添加上这样的文案可以更好地吸引大家的注意力。

另外，提醒大家在下红包雨的时候要选择合适的时间。通常来讲，中午和晚上、周末和节假日是发红包的最好时间，这个时候大家结束了一天的学习和工作任务，有更多的时间参与抢红包活动。

最后，提醒大家红包不是发得越多越好，而是要控制好发放的频次。另外，红包的大小和个数也应该有所讲究。红包太大，会增加我们的运营成本，红包太小会让用户感到失望，只有恰如其分的金额才能获得好的营销效果。至于红包的个数，我们最好保障人人有份，这样才能调动所有人的积极性。

第三，定期举行促销活动

我们可以在特定节日或纪念日举办促销活动，如"双十一"、店庆等，通过限时折扣、买一赠一等方式吸引客户。用户享受到这些让利活动，才

会对社群更加依赖和忠诚。

第四，举办客户回馈活动

定期举办客户回馈活动，如抽奖、赠送礼品等，让客户感受到品牌的关怀和尊重，这样他们才能心甘情愿地留下来，为社群做贡献。

第五，设计奖励模式

比如拼团和砍价，用户发起拼团并邀请好友参加，即可享受优惠的产品价格，或者群成员邀请好友砍价，可获得某种奖励等。这种奖励模式可以增强用户的参与感，激发用户的主动性。

综上所述，利用利益留存客户是一种有效的营销策略。在日常运营的过程中，我们可以从以上几个方面入手，为用户提供有价值的利益或优惠，增强客户的忠诚度和提升其满意度，从而促使他们继续与企业保持业务关系。

提供超预期体验，经营客户的"哇塞"感

心理学上有个词叫"峰终定律"，它是诺贝尔奖得主、心理学家丹尼尔·卡尼曼经过深入研究提出来的。峰终定律告诉我们这样一个道理：一个人对体验的记忆是由高峰时与结束时的感觉产生的。

我们要想加深用户对社群的记忆，那就得给其带来超预期的体验，让用户的感受达到高峰值。这样他就会对社群产生绝对的信任和忠诚，最后在忠诚的加持下，为社群带来多次裂变。

下面我们围绕三个关键要点，为用户提供超预期的体验，帮助他们打造"哇塞"感。

第一，为用户创造仪式感

生活处处都有仪式感，情人节我们会买一束花送给爱人。孩子生日，我们会买一个蛋糕一起庆祝。无论蛋糕还是鲜花，都是我们仪式感的具体体现。有了仪式感的加持，我们才能有超绝的生活体验。

同样的道理，社群运营也需要给用户制造仪式感，仪式感可以让他们体会到社群的温暖，可以让他们的体验感拉满，从而使其增加对社群的依赖和忠诚度。

那么，具体来说，用户的仪式感应该如何打造呢？

首先，用户进群的时候，我们可以发一段欢迎语，如"热烈欢迎您的到来，这里是您新的起点，也是我们缘分的开始！"另外，我们还可以附加一个红包，以表示对新用户的欢迎。这种双重欢迎仪式对用户而言非常受用，用户感受到运营者的热情，自然也会对社群产生好感。

其次，我们还可以在固定的时间举办固定的活动，给用户以时间上的仪式感，加深用户对社群的记忆。另外，我们还可以策划活动仪式，如蜜蜂写作训练营分别在活动的开始和结尾举办开营仪式和结营仪式，这样也能给用户一种宝贵的仪式感。

第二，满足用户的期待感

当用户发现他们的期待被满足或超越时，他们会感到满意和愉悦。这种积极的情感体验会增强他们对品牌或产品的忠诚度，使他们更愿意重复购买或推荐给他人。换句话说，满足用户的期待感是提升用户体验，增强品牌竞争，扩大业务增长的关键。

我们要想满足用户的期待感，可以从以下几个方面入手。

首先，给用户提供有价值的内容，这些内容能提高用户的认知，增长他们的见识。换句话说，当社群能带给他们干货内容时，他们内心渴望知识的期待就能获得满足。其次，邀请行业大咖分享。每个人都有慕强心理，当用户在社群内能听到行业大佬现身说法时，他们的内心会得到极大的满足。最后，公开表彰那些有突出贡献的用户。这样既可以满足用户的期待，同时也让他们对社群产生更深刻的感情。

第三，打造用户的归属感

打造用户的归属感，有利于提升其忠诚度，也有利于社群持久平稳地发展。具体来说，我们可以通过以下三点打造对用户的归属感。

首先，设置入群门槛。这样做的目的是过滤掉部分不合适的用户，而真正满足社群条件，进入社群的便是一群目标一致、志同道合的人。和这样的用户一起相处，自然会有归属感。

其次，让用户参与活动的制定和群规的制定。社群起什么样的名称，制定什么样的群规，开展什么样的活动，活动的主题、规则、奖品如何设置，这些都可以询问客户的意见，让他们参与其中，这样他们就会有一种主人翁的心态，对社群也能产生一种归属感。

最后，运营者还可以从社群的聊天记录中找寻用户的共同爱好，从而创造大家感兴趣的话题，感兴趣的话题越多，说话越投机，用户对社群的归属感就越强。

总而言之，为用户创造仪式感、满足用户的期待感、打造用户的归属感，可以带给用户超预期的体验，可以加深用户对社群的感情，也有利于培养他们的忠诚度，从而为后续的二次裂变创造可能。

 ## 升级产品形态，满足用户多样化需求

产品升级可以帮助企业改善现有产品的性能、功能和用户体验，进而提高市场占有率和客户忠诚度。本节我们从产品升级入手，一起探讨一下提升用户忠诚度的方法。

第一，深入市场调研与需求分析

要想让产品更加地升级，首先要通过市场调研、客户访谈、问卷调查等方式，深入了解用户需求。我们只有明确了目标客户的需求、偏好和痛点，才能准确把握市场趋势，从而创造出更符合用户需求的产品。

第二，为用户提供个性化的产品和服务

不同的用户有不同的需求，在升级产品之前，我们可以细分目标市场，为每个群体提供个性化的产品和服务，这有助于提升客户满意度和忠诚度。

第三，优化产品设计

产品设计的好坏也关系着用户的体验感和忠诚度。在优化产品设计时，首先要考虑用户的审美，这样才能更好地吸引他们的目光。其次要注重产品的易用性和性能稳定性，确保用户在使用过程中能够轻松上手，并

享受流畅的体验。

第四，创新产品功能

产品创新主要涵盖功能创新、设计创新、技术创新和市场定位创新等方面。

产品的功能创新是指在原有产品功能基础上进行改进或增加新功能，旨在提升用户体验，满足用户多样化需求。

产品的设计创新是指从用户的角度出发，改进产品的外观设计、用户体验或交互方式。这种创新关注产品的易用性、美观性和用户满意度。

产品的技术创新是指通过研发新技术或改进现有技术，提升产品的性能、质量或降低生产成本，以满足市场需求，提升竞争力。

产品的市场定位创新则是指针对特定市场需求，开发出符合该市场需求的新产品或服务。这种创新需求对市场趋势有深刻的洞察，并能快速响应市场变化。

通过这几方面的创新，企业可以不断提升产品的竞争力和市场吸引力，同时也能增强用户对品牌及产品的好感度和忠诚度。

第五，提升产品质量与售后服务

产品质量与售后服务也影响着用户的体验感和忠诚度。而企业要想提升产品的质量，就需要建立完善的质量管理体系；要想提供优质的售后服务，就需要建立完善的售后服务体系。企业只有把这两项工作做好，才能更好地满足用户需求，才能更加坚定他们追随的脚步。

第六，借助数字化技术提升用户体验

我们可以利用虚拟现实（VR）技术和增强现实（AR）技术，为用户提供沉浸式的购物体验，也可以利用大数据和人工智能技术，为用户提供个性化的产品和服务。这些做法既可以丰富用户的视觉体验，同时也能满足他们多样化的需求。

第七，持续迭代与优化

企业应积极收集用户的反馈意见，了解用户在使用过程中遇到的问题和需求，从而更新迭代自己的产品，优化自身的服务，这有助于保持产品的竞争力并吸引新用户。

优质的产品和服务是提升用户忠诚度的关键所在。企业可以从以上七个方面入手，不断升级自己的产品形态，以满足用户多样化的需求。用户的需求得到满足，他们就会对你的品牌和产品产生信赖和忠诚，后续他们也有可能在社交媒体上分享、点赞、评论等，从而扩大品牌的影响力。

构建会员制，让高价值客户持续发力

会员制，又称会员体系、会员计划、客户忠诚计划（Loyal Customer Scheme），是指企业对客户分类管理，将中高价值客户变成会员，有针对性地给予其好处，吸引客户持续消费的各种做法。

会员制通过积分、等级、任务等机制，能够激励用户更频繁地参与品牌活动，从而提升用户黏性。另外，会员在享受特殊待遇的过程中，会逐渐形成对品牌的依赖和认同，从而更愿意长期选择该品牌。并且他们对品牌产生的正向情感体验会促使他们向亲朋好友推荐该品牌，形成口碑传播效应，从而进一步扩大品牌的影响力。

总而言之，会员制是使客户留存与复购的基本手段，更是促使用户产生二次裂变的一大动力。我们在建立会员制的过程当中，可以选择以下两种模式。

第一，付费会员

付费会员，即客户交纳会费才能成为会员并享受权益。通常来讲，付费会员分为俱乐部型、生态型、联合型三类。俱乐部型也称门槛型，客户付费获得会员身份。生态型就是综合型企业将本企业或者本集团生产的产品或服务提供给会员作为会员权益。联合型就是不同行业的企业跨界合作，将合作方的产品或服务提供给会员作为会员权益，也称联合会员、联名会员、联盟会员。

第二，免费会员

初期的会员制大多没有门槛，用户只需登记注册即可成为会员，或者持续使用产品一段时间也可升级为会员。

具体使用哪种会员模式，企业可以根据实际情况确定。在设计付费会员制度的时候，企业可以考虑采用多层次的会员体系，设计不同价位的付费会员卡，以满足不同客户的需求和支付能力。同时也要确保付费会员卡的权益能够与目标客户的核心需求紧密匹配，以此增强其吸引力和增加使用频率。

在设计免费会员制度的时候，企业应设计清晰的升级路径，鼓励用户通过参与活动、消费等方式提升会员等级，享受更多权益。免费的会员从无等级会员升级为有等级会员，可以享受如下权利。

（1）优惠价。优惠的价格能够刺激用户持续消费。所以聪明的商家会让有等级的会员享受某些特定商品的优惠价。这样的操作很容易帮助商家形成良好的口碑，最终会带动其他产品的销售。

（2）优惠券。我们以电影票优惠券为例，一些电影院规定某些用户在特定时间内可拿着电影优惠券到指定电影院消费，这样一来可以帮助他们节省一笔费用。这样的优惠力度很难不让人心动，用户在享受到这些权益之后会更加认可品牌方。

（3）积分制。会员消费可获得积分，积分累积到一定的程度，可以享受商家返还的现金或者兑换奖品。积分制能够吸引客户持续消费，培养消费习惯，所以很多商家争相建立积分制度。不过在设立积分制度的时候，大家要把握好分寸，积分的奖励不能太少，否则对用户没有吸引力，同时积分的奖励也不能过多，否则商家会不堪重负，得不偿失。

（4）额外的服务。有等级的会员还可以享受额外的服务，如退货赠送运费险，或者高额订单可免费包邮。这些额外的服务可以降低用户的购物风险，打消他们的顾虑，从而促使交易顺利进行。

以上就是企业构建会员制的一些策略和技巧，通过以上措施，可以帮助大家构建一个能留住高价值用户的会员制体系。企业通过这些会员体系可实现用户价值的持续挖掘和品牌的长期发展。

👥 通过关键意见领袖（KOL）的影响力，发展新用户

美国社会学家罗杰斯博士在年轻的时候曾说服爱荷华州的农民使用改良的新玉米种子以提升产量。在说服农民的过程中，他想方设法，尽心竭力，但说服效果依旧不尽如人意。后来一位穿着时髦、思想前卫的农民勉强同意了罗杰斯的建议。然而当这位农民喜获丰收时，周围的人依旧不为所动。

后来罗杰斯苦思冥想，终于找到了失败的原因。这次他一改以往的推销策略，直接挑选了当地一位富有声望、受人尊重的农民作为自己新玉米种子的代言人，这一下农民纷纷站起来效仿这位关键意见领袖，开始接纳罗杰斯的新玉米品种。

这个故事告诉我们，选择合适的关键意见领袖至关重要。因为关键意见领袖有大量的追随者，所以他们能很大程度影响用户的消费行为。如今很多企业意识到 KOL 的重要性，他们想通过 KOL 的影响力，培养忠诚用户，推广品牌和产品，发展新的用户。这个营销思路并没有问题，不过如何找到合适的 KOL，并且促使他们发挥最大的作用，这对于企业来讲是一个重大的挑战。

下面我们从以下几点出发，帮助大家寻找合适的 KOL，从而助力大家开启品牌营销之路。

第一，寻找 KOL

寻找 KOL 不可盲目。不同领域的 KOL 各不相同，而且就算在同一领域，KOL 的作用也不尽相同。通常来说，头部的 KOL 影响力大，但他们业务繁忙，难以在短时间内详细讲述品牌内涵与产品特性；腰部的 KOL 流量有限，不过他们可以投入较多精力传播品牌和产品，深度教育客户；尾部的 KOL 流量最少，不过他们可以将品牌和产品用个性化、创意化的手段表现出来，触达多样化的受众群体。

我们在选择 KOL 的时候，要根据所处行业、品牌定位及目标客户的特点综合判断，不可以凭个人的感觉和喜好确定，否则很难筛选出合适的 KOL。

第二，评估 KOL

企业先根据大致的选择标准筛选出适合自身的多个 KOL，接着还需要进一步从 KOL 名单中仔细甄别，评估出最合适的人选。在评估的时候，我们可以根据 KOL 在媒体平台上的粉丝数量，以及 KOL 真正触达的粉丝数、粉丝黏性、粉丝购买力等数据加以衡量。同时也要警惕其粉丝数、"转评赞"数、互动数、直播间的观看人数、点赞数有作假的可能。在综合考虑各个因素之后，我们才能谨慎做出选择。

第三，搭建 KOL 传播矩阵

如果你的企业有一定的经济实力，还可以搭建 KOL 传播矩阵，通过与大中小型的 KOL 通力合作，为品牌以及产品带来巨大的曝光度，同时通过一些优质的内容分享，号召更多的用户加入购买大军。

第四，选择合适的营销平台

企业要根据 KOL 在不同媒体平台上的表现，以及其与平台的匹配程度，目标客户的内容偏好和信息获取习惯，选择合适的媒体组合。例如，针对年轻化的 KOL 可以选择抖音、微博等平台，而针对中老年化的 KOL 则可能更适合微信平台。

最后，企业还要制定激励措施，鼓励 KOL 制造话题，与粉丝打成一片；鼓励 KOL 将内容展示出来，吸引粉丝转发。这些激励政策可以极大程度地发挥 KOL 的作用，而企业也能借助 KOL 的力量发展出更多的新用户，从而获得巨大的经济效益。

强化品牌理念，培养客户的认同感

品牌理念，又称品牌文化、企业文化，它包括了企业（品牌）的愿景（Vision）、使命（Mission）和价值观（Core Values）。

品牌理念是一个企业的灵魂所在，也是企业发展的动力来源。当消费者认同品牌所传递的价值观、使命和愿景时，他们更容易与品牌产生情感共鸣，从而建立起深厚的品牌忠诚度。换句话说，一个企业的品牌理念越清晰，越容易培养出忠诚的用户。另外，一个明确、独特的品牌理念能够帮助品牌在竞争激烈的市场上脱颖而出，树立鲜明的形象，使消费者能够

迅速识别并记住该品牌。

总而言之，品牌理念对于一个企业的长久发展具有很重要的意义。企业应该从以下几方面努力，从而构建自己的品牌理念。

第一，提炼使命

在提炼自己的使命之前，先扪心自问一下："我们的企业是干什么的？""谁是我们的客户？""客户最看重什么？""我们的事业应该是什么？"将这些问题综合考虑，即可提炼出企业的使命。

第二，构建愿景

企业要根据自己的使命，构建出愿景。这里的愿景要具象化，有可以衡量的指标和实施的步骤。如"在未来五年内，××企业的市场份额达到××%，技术创新达到××项"。确定了宏大的目标之后，我们可以将这个大的目标逐一分解，并且为每个分解出来的小目标制订实施计划。

第三，确定价值观

企业在完成愿景的过程中要确定自身的价值观。有了价值观的支撑，企业才能形成强大的凝聚力和执行力，从而推动企业愿景一步步完成。

第四，创造新颖的品牌理念

明确了企业的价值观之后，品牌理念便有了基本的依据。企业可以根据目标受众的喜好和需求、品牌的独特之处综合考虑，从而创造出新颖独到的品牌理念。

而企业有了品牌理念之后，就要进一步将品牌理念传递给客户，让客户不断地强化品牌理念，从而构建对品牌的忠诚度。通常来讲，强化客户的品牌理念可以通过以下几种方式实现。

第一，塑造与传播品牌故事

品牌故事具有很强的感染力，它能够激发客户的情感共鸣，增强客户对品牌的信任和好感，从而建立情感连接；也能传递品牌的价值观和文化理念，帮助客户更好地理解品牌的精神内核，从而促进品牌认同。

具体来讲，企业应该如何塑造品牌故事呢？大家可以从品牌历史、文化、愿景等方面深入挖掘，然后将挖掘出的元素故事化，这样客户通过品牌故事就能强化对于品牌的认同感。

第二，做好内容营销

优质的内容能吸引客户的注意力，也能传递品牌的价值和理念。客户若是能被优质内容所打动，那么也会进一步认同品牌的理念。企业应该为客户提供高质量、有价值的内容，这些内容在满足目标受众的需求和兴趣的同时也能潜移默化地将品牌理念植入用户心中。

第三，利用社交媒体与客户积极互动

社交媒体的互动可以为客户提供参与品牌活动的机会，增加客户对品牌的关注和投入，提升客户的黏性和忠诚度。所以基于以上各种优势，企业可利用便捷的社交媒体增加与客户互动的环节。积极响应客户评论和反馈，展现品牌的亲和力和责任感，提升品牌形象。渐渐地，在这种亲密无间的互动中，用户就会逐渐认同品牌理念。

第四，优化用户体验

企业可以从用户角度出发，为其提供个性化服务，简化购买流程，提

高产品质量。这样不仅可以提升和优化用户体验，更能促使其深化对品牌的认同感。

第五，保持品牌一致性

为了强化用户的品牌理念，确保品牌在用户心中树立稳固的形象，企业在视觉设计上也要注意一点，确保品牌标识、色彩、字体等所有营销内容保持一致。

认同是一种内在动机，具有强大的驱动力。如果企业能够通过以上措施加深客户对品牌理念的理解和认同，那么该品牌的市场地位和竞争力便会有质的提升，未来越来越多的客户资源也会尾随而至。